Bitte hört, was ich nicht sage

Helga Käsler / Brigitte Nikodem

Bitte hört, was ich nicht sage

Signale von Kindern und
Jugendlichen verstehen,
die nicht mehr leben wollen

Kösel

ISBN 3-466-30401-6

Druck und Bindung: Kösel, Kempten
Umschlag: Elisabeth Petersen, Glonn
Umschlagfoto: David de Lossy. The Image Bank

1 2 3 4 5 · 00 99 98 97 96

*Gedruckt auf umweltfreundlich hergestelltem Werkdruckpapier
(säurefrei und chlorfrei gebleicht)*

Inhalt

Teil III:
Nachsorge ist Vorsorge – Die Anstrengung
muß sich gelohnt haben 131

Dank

Wir möchten Herrn Martin Beck für die Überarbeitung des Manuskripts sowie Herrn Wolfgang Schnabel und Herrn Peter Klug für die unterstützenden Hinweise danken, Frau Sybille Hanusch für die schriftliche Hilfe und Frau Gudrun Schmid-Welke für ihre inhaltliche Beratung. Unser Dank gilt auch Herrn Plachta für seine freundliche Unterstützung. Und vor allem wollen wir all die betroffenen Kinder und deren Eltern beziehungsweise Bezugspersonen nicht vergessen.

Hinweis:

Alle Namen und Daten dieses Buches sind frei erfunden. Eventuelle Übereinstimmungen mit der Realität sind nicht beabsichtigt und wären rein zufällig.

Einleitung

»Warum?« ist die erste Frage, die uns einfällt, wenn ein Mensch sich das Leben nehmen wollte. Warum will jemand, noch dazu ein Kind oder ein junger Mensch, (so) nicht mehr weiterleben? Haben wir nicht alles getan? Was haben wir nicht bemerkt? Wo haben wir versagt? Viele Fragen, gepaart mit Selbstvorwürfen, Unsicherheit und Ängsten, tauchen auf.

Wir wollen uns mit unserem Buch speziell an Eltern, Erzieher, Sozialpädagogen und Lehrer wenden – überhaupt an alle Menschen, die in ihrem Alltag und in ihrer täglichen Arbeit mit Kindern und Jugendlichen zu tun haben. Wir hoffen, daß wir ihnen Anregungen geben können, um suizidales, also suizidgefährdetes Verhalten rechtzeitig zu erkennen, aber auch um mit eigenen Gefühlen wie Ängsten, Wut und Unverständnis etwas besser umgehen zu lernen.

Wir beziehen uns ausschließlich auf das *suizidale Verhalten* von jungen Menschen, das heißt, wir beschäftigen uns *nicht* mit der Trauer und den Problemen *nach einem vollzogenen Suizid*. Suizide werden häufiger von Jungen begangen, aber die Zahl der Suizid*versuche* liegt ungleich höher bei den Mädchen. Mädchen leben wesentlich stärker die emotionale Seite aus und bekommen dabei zu wenig Beachtung. Doch gerade in diesem Bereich liegt es im argen, und aus diesen Gründen wollen wir das Bewußtsein ein wenig mehr für die Problematik der Mädchen schärfen. Nicht zuletzt deshalb weisen wir immer wieder konkret auf die Situation der Mädchen hin.

Suizidales Verhalten kann niemals auf nur *eine* Ursache zurückgeführt werden. Dieses Buch soll ein Versuch sein, die Komplexität der Hintergründe zu beleuchten und Möglichkeiten der Prävention aufzuzeigen.

Das Buch gliedert sich in drei Teile: Anhand einiger Beispiele wollen wir im *ersten* Teil »typische« Lebenssituationen suizidaler Kinder und Jugendlicher darstellen. Wie kann es dazu kommen, daß junge Menschen den Gedanken fassen, nicht mehr weiterleben zu wollen? Welche Probleme erscheinen ihnen so ausweglos und unüberwindbar? Was geht in ihnen vor? Welche familiären Konstellationen können im Hintergrund stehen? Wir möchten mit diesen Beispielen unter anderem zeigen, daß sich Konflikte über Generationen hinziehen und schließlich in suizidalem Verhalten enden können.

Im *zweiten* Teil soll ein theoretischer Überblick über verschiedene Aspekte und Hintergründe eines Suizidversuchs gegeben werden. Dabei wird immer wieder Bezug auf die Fallgeschichten aus dem ersten Teil genommen.

Junge Menschen, die den Gedanken an Selbsttötung fassen, befinden sich in einer Krise, in der sie keine Möglichkeiten zur Bewältigung ihrer Schwierigkeiten mehr sehen beziehungsweise zur Verfügung haben. Gibt es so etwas wie einen gemeinsamen Nenner? Was sind die Hintergründe für ein derartiges Verhalten? Durch die Vorstellung verschiedener Theorien werden unterschiedliche wissenschaftliche Ansätze erklärt.

Die beste Möglichkeit, suizidales Verhalten zu verhindern, liegt im frühzeitigen Erkennen der Alarmzeichen, die wir ausführlich beschreiben wollen. Den Übergang von den ersten Anzeichen zum tatsächlichen Handeln erklärt das »präsuizidale Syndrom«, das erstmals von Erwin Ringel, einem Wiener Psychiater, beschrieben wurde. Dabei wird eine dem Suizid vorausgehende charakteristische psychische Befindlichkeit aufgezeigt. Dazu gehören Einengung, gehemmte und gegen die eigene Person gerichtete Aggression und Suizidphantasien. Ein Selbsttötungsversuch entsteht nicht im luftleeren Raum oder kommt nicht »aus heiterem Himmel«. In der Regel geben die jungen Menschen vielerlei Alarmzeichen von sich, die jedoch erkannt und richtig interpretiert werden müssen. Der Übergang von den ausgesandten Alarmzeichen zu suizidalem Verhalten ist manchmal minimal. Trotzdem wollen wir versuchen, Unterschiede aufzuzeigen. Dabei soll suizidales Handeln bei Kindern und Jugendlichen getrennt dargestellt werden. Ein Suizidversuch zeigt immer auch eine Beziehungsstörung auf. Bei Kindern betrifft dies in erster Linie die Familie, bei Jugendlichen muß ebenso der engste Freundeskreis mit in Betracht gezogen werden. Welche Faktoren führen dazu, daß junge Menschen keinen anderen Ausweg mehr sehen, das System, in dem sie leben, zu durchbrechen als durch suizidales Verhalten? Da die familiären Verhältnisse einen großen Einfluß auf die Entwicklung von Kindern und Jugendlichen haben, möchten wir weiter auf die das Familienmilieu beeinträchtigenden Faktoren und typische Familienkonstellationen eingehen.

Wenn wir von suizidalen Kindern und Jugendlichen sprechen, dann sind dies in erster Linie Schüler. Die Bedeutung von Schule und Leistung beziehungsweise Schulversagen wollen wir deshalb eigens hervorheben.

Bereits im ersten Absatz dieser Einleitung stellten wir die Frage, warum die Kinder und Jugendlichen *so* nicht mehr weiterleben wollen. Die meisten jungen Menschen haben eine sehr klare Vorstellung davon, wie ihr Leben weitergehen soll. Nämlich nicht so wie bisher. Im *dritten Teil* wollen wir uns deshalb in erster Linie auf die Nachsorge beziehen, denn Nachsorge ist zur selben Zeit Vorsorge.

Nach einem Suizidversuch ist die Fahrt zur Klinik in den meisten Fällen notwendig. Doch was passiert nach der Klinikaufnahme? Worauf müssen Angehörige achten? Die Erwachsenen sollen gestärkt werden in ihrem Wahrnehmungsvermögen und lernen, Rat, aber nicht Schläge zu geben. Sie sollen wachsamer werden in einer suizidalen Welt und angstfreier damit umgehen können.

Familientherapeuten sehen die Familie als ein System, ein Beziehungsgefüge, das durch ein Symptom – hier Suizidalität – gestört werden kann. Da dieses Symptom nur im Zusammenhang mit dem gesamten System Familie gesehen werden kann, ist es in den meisten Fällen hilfreich, gemeinsam mit familientherapeutischer Unterstützung nach Lösungsmöglichkeiten zu suchen. Einzeltherapie kann in manchen Situationen zusätzlich erforderlich sein. Beispiele hierfür werden wir am Ende des Buches aufzeigen.

In unserer schnellebigen Welt ist es schwieriger denn je geworden, Kinder zu erziehen. Deshalb wollen wir mit unserem Buch Eltern und Erzieher unterstützen, auf gesamtgesellschaftliche Hintergründe hinweisen und Mut machen, etwas früher wahrzunehmen und auf alte Fähigkeiten in sich zu vertrauen.

Teil I

Warum hast du das getan?

Ihr bringt mich noch ins Grab!

Franziskas Haar ist kurz und wegen der unzähligen Wirbel kaum zu bändigen. Wenn sie lacht, muß man einfach mitlachen. Unschlagbar sind auch ihre Kommentare zum Thema »Katzenwäsche« oder »Richtig Duschen mit Haare waschen«. Ihre braunen Augen kneift sie dabei zusammen, und die Oberlippe zieht sie hoch, so daß die großen Schneidezähne zum Vorschein kommen.

Franziska ist jetzt elf Jahre alt. Sie lebt seit zwei Jahren in einer Pflegefamilie, die sie nach ihrem Suizidversuch aufgenommen hat. Wenn sie Glück hat, darf sie für immer dort bleiben. Das Adoptionsverfahren ist seit einiger Zeit Gesprächsthema zwischen Herkunftsfamilie, Pflegefamilie und Jugendamt. Dort füllt die traurige Geschichte Franziskas eine umfangreiche Akte:

Petra Sandmann, ihre Mutter, ist erst 17 Jahre alt, als sie schwanger wird. Arnold Bürger ist 18 Jahre zum Zeitpunkt von Franziskas Geburt und steht kurz vor der Einberufung zur Bundeswehr. An Heirat mag er nicht denken. Er fühlt sich dazu noch nicht in der Lage. Die Bundeswehr erscheint ihm im Moment wie eine zweite Chance, denn seine Bäckerausbildung hat er nach einem halben Jahr wieder abgebrochen. Seitdem arbeitet er als Lagerarbeiter in einem Getränkevertrieb.

Arnolds Eltern hatten früher eine kleine Landwirtschaft. Für ihn und seine ältere Schwester Gerda war nie viel Zeit. Mutter und Vater arbeiteten unermüdlich, aber es reichte trotzdem kaum. Rauh und freudlos war der Alltag der Familie. Die ewige Nörgelei der Eltern wegen seiner mangelnden Mithilfe machte Arnolds Leben manchmal unerträglich.

Die Lehrstelle als Bäcker ermöglichte ihm, die Woche über beim Lehrmeister zu wohnen und seinen Eltern ein wenig zu entfliehen. Aber er merkte bald, daß ihm die Arbeit in der Backstube nicht lag.

Nach einem halben Jahr gibt Arnold die Lehrstelle deshalb wieder auf und zieht zurück nach Hause. Er verdient sich nun seinen Lebensunterhalt als Arbeiter. Die Eltern nehmen den Entschluß mit Achselzucken hin, sie trauen ihm nicht viel zu. Was soll schon aus einem Sohn werden, der am elterlichen Anwesen kein Interesse hat? Er gibt einen bestimmten Betrag Kostgeld ab und führt sein eigenes Leben. Fußball und der Segelflugverein sind seine Hobbys. Im Verein mit den Kameraden ist immer was los. Da werden Pläne geschmiedet, da werden gemeinsame Unternehmungen verabredet. Kein Fest wird ausgelassen – auch das Stadtfest nicht. Dort lernt er eines Abends Petra kennen.

Petra ist kein Kind von Traurigkeit. Sie arbeitet als Näherin und wohnt – wie Arnold – noch bei den Eltern. Ihre Freizeit verbringt sie in ihrer Clique. Zwischen den beiden funkt es auf Anhieb. Auf der Welle der unbeschwerten Stimmung fliegen die Blicke und Anspielungen hin und her. Spät wird das Zelt verlassen. Für Arnold ist klar: Petra und sonst keine. Und Petra lacht ausgelassen, wobei sie den Kopf in den Nacken legt und ihre braunen Augen blitzen läßt.

Als Wochen später die Schwangerschaft festgestellt wird, ist es für einen Abbruch zu spät. Arnold wäre das am liebsten gewesen, zumal weder seine noch ihre Eltern diese Beziehung für sinnvoll hielten oder gar wünschten.

Für die werdende Mutter beginnt eine schwierige Zeit. Petra wollte mit 18 Jahren von zu Hause ausziehen. Aufgrund der Schwangerschaft bleibt sie trotz der Reibereien mit den Eltern, die ihre Freizeitaktivitäten kritisieren, zu Hause. Die Eltern empfinden die Schwangerschaft der einzigen Tochter als Schande, lehnen jedoch die Überlegung ab, das Kind zur Adoption freizugeben. Irgendwie wird das Kind schon groß werden, schließlich ist es das eigene Fleisch und Blut, das erste Enkelkind. Da der junge Mann in Petras Familie unerwünscht und die junge Frau auf die Hilfe ihrer Eltern angewiesen ist, sind die Kontakte unter den beiden spärlich. Petra bleibt bis zum Mutterschutz in ihrem Betrieb. Arnold kommt nur zum Wochenende von seiner Kompanie zu seinen Eltern. Unter allen herrscht eine beklemmende Sprachlosigkeit.

Kurz bevor Petra ihr Kind bekommt, stirbt ihr Vater. So greift Petras Mutter dankbar und mit aller Macht nach der neuen Aufgabe. Nach acht Wochen geht Petra wieder ihrer Arbeit nach. Franziska wird von der Großmutter allein versorgt. Häufig kommt es zu Konflikten zwischen den beiden Frauen. Petra empfindet die bevormundende Art ihrer Mutter einengend, und diese reagiert mit Trotz und Besitzansprüchen an das Kind. Andererseits verbringt Petra viel Zeit in ihrer Clique und überläßt Franziska auch am Wochenende gern der Großmutter. Häufig kommt es zu gegenseitigen Vorwürfen. Petra zieht schließlich wütend aus. Die neun Monate alte Franziska bleibt bei der Großmutter. Diese hätte ihr Enkelkind ohnehin nur ungern hergegeben, da sie wegen Petras Drang nach Unabhängigkeit um die Versorgung Franziskas fürchtet. Zudem ist sie froh, wieder eine Lebensaufgabe zu haben.

In den darauffolgenden Jahren besucht Petra ihr Kind nur sporadisch. Die Beziehung zu Arnold ist ganz abgebrochen. Zwischen Petra und ihrer Mutter herrscht nach wie vor ein gespanntes Verhältnis. Die Großmutter versorgt Franziska, kann aber das Verhalten ihrer Tochter weder akzeptieren noch tolerieren. Ab und an fühlt sie sich auch ausgenutzt, vor allem wenn Petra damit droht, Franziska zu sich zu nehmen. Eines Tages ist Arnold wieder in der Stadt und besucht das Schützenfest. Er trifft alte Kameraden, die Stimmung ist ausgelassen. Petra sitzt unweit von ihm mit ihrer Clique im Festzelt. Und wieder ist es wie vor gut vier Jahren. Er sieht den zurückgeworfenen Kopf, er hört ihr Lachen, und er weiß, daß er sie eigentlich nie vergessen hat. Arnold wartet Stunden vor dem Zelteingang, bis Petra endlich herauskommt. Er bittet Petra, sie nach Hause begleiten zu dürfen. Es wird ein langer Heimweg. Petra glaubt seinen Versprechungen, sie mag ihn ja immer noch und hatte viel an ihn gedacht.

Es kommt rasch zur Heirat. Franziska ist inzwischen vier Jahre alt, sie bekommt den Namen des Vaters. Das Paar zieht zu Frau Sandmann, Petras Mutter. Rasch nacheinander kommen zwei Mädchen, Sabrina und Annette, zur Welt.

Franziska schläft weiterhin bei der Großmutter. Zum Vater fühlt sie sich wenig hingezogen. Er ist ihr immer noch ein bißchen fremd, denn er kommt nur am Wochenende nach Hause. Petra ist vor allem mit den kleinen Mädchen beschäftigt. Die Großmutter ist und bleibt Franziskas Bezugsperson, auch wenn die Mutter ab und an versucht, sie mit einzubeziehen. Die »eigentliche« Familie aber scheint aus den Eltern, Sabrina und Annette zu bestehen.

Das Zusammenleben gestaltet sich entsprechend schwierig. Was auch immer Arnold im Haus vorantreibt, es findet kaum den Zuspruch der Schwiegermutter. Oft gibt es auch Streit um die ständige Geldknappheit. Petra beschließt daraufhin, zusätzlich Heimarbeit anzunehmen. Nächtelang sitzt sie nun an der Nähmaschine.

Franziska wird eingeschult. Sie soll oft auf ihre jetzt ein- und zweijährigen Schwestern aufpassen. Doch häufig läuft sie weg und läßt die Kleinen allein. Petra schimpft mit ihr und droht. Hin und wieder gibt es auch mal Schläge. Die beiden Frauen geraten sich deshalb oft in die Haare. Die Vorwürfe enden mit Türenschlagen und Tränen der Wut und Verzweiflung auf beiden Seiten. Franziska verkriecht sich oder setzt sich vor den Fernsehapparat, dreht auf volle Lautstärke und hält sich dabei die Ohren zu. Sie hat Angst vor diesen Streitereien und fühlt sich schuldig.

Die Schule macht Franziska Spaß, zumal die Großmutter neben ihr sitzt, wenn sie ihre Schulaufgaben macht. Petra interessiert sich wenig für Franziskas Leistungen. Hauptsache, sie kommt in der Schule irgendwie klar.

Petra fühlt sich häufig überfordert mit ihren zwei beziehungsweise drei Kindern, dem Haushalt, der Heimarbeit – sie ist doch erst 24 Jahre alt. Arnold ist während der Woche beim Bund, und Petra fühlt sich von ihm im Stich gelassen. Sie hat immer von einer richtigen Familie geträumt. Was hatte Arnold ihr nicht alles versprochen, und sie hätte trotz früherer negativer Erfahrungen daran geglaubt. Eben weil alle gegen die Beziehung waren, wollte sie beweisen, daß es klappen könnte, wenn sie nur wirklich wollten. Und sie wollte, wollte auch zur Mutter ins Haus und zu Franziska. Aber irgendwie ist doch alles anders gekommen.

Franziska hofft zwar, irgendwann doch noch in einer »richtigen« Familie leben zu können, kann aber gleichzeitig die sporadische Zärtlichkeit ihrer Mutter nicht ertragen. Sie weiß nicht mehr, wohin sie gehört. Viele Alltäglichkeiten werden zum ständigen Streitpunkt: Franziskas Unruhe, die dauernden Nörgeleien beim Essen, und manchmal holt sie sich heimlich einen Schokoriegel aus dem Schrank. Nur die Großmutter verwöhnt ihre Enkelin und steckt ihr gelegentlich Geld zu, das Franziska sofort in Süßigkeiten umsetzt.

Zu ihrem siebten Geburtstag verspricht ihr der Vater einen Segelflug. Franziska freut sich wie verrückt, zumal alles, was sich bewegt – Autos, Flugzeuge, Schaukel, Kreisel –, eine faszinierende Anziehungskraft auf sie ausübt. Franziska steht schon ganz früh auf in großer Vorfreude auf den Flug. Sie wartet Stunde um Stunde auf ihren Vater. Und schließlich kommt der Anruf. Der Vater kann aus dienstlichen Gründen nicht nach Hause kommen. Wortlos läuft Franziska auf ihr Zimmer und zertritt das kleine Segelflugzeug, das ihr die Großmutter geschenkt hat. Und wieder gibt es Streit unter den Frauen.

Im darauffolgenden Jahr wird Franziska stiller, weint kaum, muß aber beaufsichtigt werden, wenn sie mit ihren Schwestern zusammen ist. Ohne Regung nimmt sie ihnen ihr Spielzeug weg, versteckt es oder macht es kaputt. Nicht selten geschieht es, daß eines der Mädchen aufschreit. Franziska kneift viel oder zieht an den Haaren. Es gibt keinen ersichtlichen Grund für ihr Verhalten, die Mädchen haben ihr nichts angetan.

Als Franziska in die dritte Klasse versetzt werden soll, wird die Mutter zum Gespräch in die Schule gebeten. Nicht nur die Leistungen lassen zu wünschen übrig, auch Franziskas soziales Verhalten gibt Anlaß zu Klagen. Dauernd sei das Mädchen in Bewegung, könne sich schwer konzentrieren, lasse sich permanent ablenken. Einerseits sei sie still und auf eine seltsame Weise unauffällig, und dann kommen wieder Beschwerden der Mitschülerinnen und Mitschüler, Franziska habe beispielsweise Filzstifte weggenommen und zerbrochen oder eine Mütze aus dem Fenster geworfen. Sie wird zur Rede gestellt, schweigt aber beharrlich. Franziska nimmt alles freudlos hin oder schlägt in einem Wutanfall die Türen zu und läuft aus dem Schulhaus. Da genügen Kleinigkeiten wie beispielsweise eine Aufforderung zu warten, bis sie an der Reihe ist.

Die Mutter verspricht, für Abhilfe zu sorgen. Von nun an muß Franziska ihr die Hefte, die Hausaufgaben, die Schultasche zeigen. Die Großmutter ist ob der andauernden Anforderungen müde und überläßt der Tochter das Thema Schule. Ihre Beziehung zu Franziska wird immer distanzierter.

Da Franziska zunehmend auch Schwierigkeiten bei der Großmutter macht, zieht sie in das kleine Zimmer unter dem Dach. Sie bekommt einen eigenen Wecker und steht ab jetzt selbständig auf. Gelegentlich schleicht sie an der Tür zu Großmutters Wohnung vorbei und rennt – ohne Frühstück – an Petra vorbei zur Schule. Es kommt immer wieder zum Konflikt zwischen Mutter und Großmutter. In ihrer Verzweiflung stöhnt die Großmutter immer häufiger:»Ich bringe mich noch um!« oder:»Ihr bringt mich noch ins Grab!« Franziska hört schweigend zu. Der Berg an Süßigkeiten unter ihrem Bett wird immer größer. In der dritten Klasse hat Franziska nur noch wenig schulische Erfolgserlebnisse. Sie hat Angst vor der kontrollierenden Mutter, die – trotz aller guten Vorsätze – häufig das Überwachen vergißt, dafür aber droht:»Wehe, wenn ich von der Schule Klagen höre!«

Kurz nach der Aufnahme der Schwestern in den Kindergarten – Franziska ist jetzt neun Jahre alt – gibt die Lehrerin ihr einen Brief für die Eltern mit. Franziska hat Angst, im Brief könne etwas Schlimmes über sie stehen. Zur Großmutter geht sie nicht. Zur Mutter kann sie nicht gehen. Der Vater ist nicht da, auch ihm würde sie nichts sagen. Obwohl sie ihre Lehrerin mag, hat sie Angst zu fragen, was in dem Brief steht. Franziska ist fest davon überzeugt, daß der Brief Beschwerden über sie enthält. Sie weiß nicht, was sie tun soll. Sie hat Angst vor dem Schimpfen, Angst vor dem Schreien, Angst vor den Schlägen. Sie fühlt sich ausgeliefert, hilflos, klein. Sie möchte weglaufen, fliegen, zaubern können. Sie möchte wie im Fernsehen einfach verschwinden, nicht mehr dasein. Sie malt sich aus, wie es wäre, einfach weg zu sein.

Und dann geht alles ganz schnell. Sie nimmt die Herztabletten der Großmutter – sie liegen immer auf dem Nachttisch –, schluckt sie mit Sprudel, versteckt den Brief unter dem Kopfkissen und schläft ein.

Mutter und Großmutter finden Franziska am späten Nachmittag

bewußtlos auf ihrem Bett liegen und rufen sofort den Notarzt, der Franziska schnell ins Krankenhaus bringen läßt. Die Großmutter ist einem Herzanfall nahe, die Mutter muß bei den Mädchen bleiben. Arnold ist nicht erreichbar. Beide Frauen sind hilflos, voller gegenseitiger Schuldzuweisungen.

Franziska wird gerettet, schweigt aber zunächst beharrlich und beobachtet ihre Umwelt mit großen, ernsten, ängstlichen Augen. Es dauert geraume Zeit, bis sie sich sicher fühlt und zu sprechen und zu spielen beginnt. Im Brief der Schule steckte eine Einladung zum Elternabend.

Das Gespräch mit den Eltern gestaltet sich schwierig. Es wird deutlich, wie überfordert sich die Mutter mit Franziska fühlt, wie wenig es ihr gelungen ist, Franziska in die Familie zu integrieren. Eigentlich hat weder sie noch der Vater eine echte Beziehung zu Franziska gefunden oder aufbauen können. Eigentlich ist sie immer das Kind der Großmutter gewesen, die über alle Querelen keine Kraft mehr hat. Allen war alles zuviel geworden. Weder Strenge noch Loslassen haben irgend etwas verändert. Franziska kann für nichts dankbar sein, sich über nichts freuen, nicht einmal über das eigene Zimmer. Mit den kleinen Mädchen gibt es dauernd nur Streit, sie ist nie eine fürsorgliche große Schwester gewesen, wie Petra immer gehofft hat.

Arnold meint, daß sie jetzt eben von ihm »an die Kandare genommen« werden müsse. Sie sei letztendlich, vor allem durch die Oma, verwöhnt worden. Er werde ihr zeigen, wo es lang zu gehen habe. Sie habe eben zu viele Schlupflöcher, das müsse künftig anders werden.

Was auffällt, ist die Unfähigkeit der Eltern zur Trauer. Das Lebensgefühl einer knapp Neunjährigen – ihre Bedürfnisse, Wünsche und Hoffnungen, ihre einmalige Existenz – wird nicht wahrgenommen. Niemand begreift ihre Ängste, ihre Hilflosigkeit, ihre Phantasien. In ihrer eigenen Mühe mit dem

Leben gelingt es den Eltern nicht, Franziska den Raum zu geben, der Geborgenheit heißt. Sie verstehen weder ihre Sprache im wörtlichen Sinn noch die Sprache ihres Verhaltens.

Franziska lehnt es ab, mit den Eltern zu reden. Sie will nicht mehr nach Hause. Sie glaubt nicht, daß ihre Eltern sie wirklich wollen. Sie hat Angst und traut niemandem. Die einzige Person, nach der sie Sehnsucht hat, ist ihre Großmutter. Doch diese möchte nicht in die Klinik kommen. Franziska habe sie zu sehr enttäuscht. Uber Jahre hat sie Franziska verteidigt und vieles hingenommen. Daß sie ihr ihre lebensnotwendigen Tabletten weggenommen hat, das geht nun aber zu weit. Franziska hat das nur getan, um sie zu ärgern, bestimmt nicht, um zu sterben. So etwas tut man nicht! Sie weiß doch gar nicht, was Leben heißt, wie soll sie dann nicht mehr leben wollen? Wer hat sie denn großgezogen? Und das ist jetzt der Dank dafür.

Franziskas Zustand wird vom Klinikpersonal als schwerwiegende Traumatisierung ernstgenommen. Die Ambulanz der Jugendpsychiatrie, bei der das Mädchen vorgestellt wird, empfiehlt eine sofortige Unterbringung in einer heilpädagogischen Einrichtung. Hier soll Franziska im beschützten Rahmen Geborgenheit und verläßliche Zuwendung erfahren. Verschiedenste therapeutische Maßnahmen werden zur Neuorientierung, zu Selbstvertrauen und Selbstbewußtsein beitragen. Der enge Kontakt zu den Eltern soll weiterhin bestehen und die Beziehung verbessert werden.

Zunächst stimmen die Eltern dieser Lösung zu. Im Verlauf des ersten Jahres stellt sich jedoch heraus, daß sie an einer therapeutischen Aufarbeitung eigentlich wenig Interesse haben. Sie halten Termine nicht ein, und auch die Besuche werden immer seltener.

Um dem Mädchen eine sichere soziale Anbindung zu ermöglichen, wird eine Kontaktfamilie gesucht. Hier entstehen verläßliche Besuche und gemeinsame Unternehmungen, auf die sich Franziska freut. Sie beginnt selbst zu planen und orientiert sich an den neuen Freunden. In der Schule holt sie rasch auf, neigt jedoch bei Frustrationssituationen dazu, in alte Verhaltensmuster zurückzufallen. Sie braucht immer wieder die Bestätigung: »Du bist gemeint, auch wenn es nicht immer nach deinen Vorstellungen geht.«

Wenn sie am liebsten weglaufen möchte, darf sie laufen – aber sie weiß, daß sie in offene Arme zurückkommen kann, auch wenn ihr die Einordnung manchmal schwerfällt.

Im gemeinsamen Gespräch mit dem Jugendamt und der Therapeutin wird schließlich die Adoptionsmöglichkeit diskutiert. Franziska ist ein Kind, das von niemandem gewollt wurde. Für Petra ist sie ein ständiger Streitpunkt mit ihrer Mutter, und Arnold hat Franziska nie so richtig wahrgenommen. Erst Sabrina und Annette hat er bewußt erlebt.

Franziska holt auf. Sie ist wichtig geworden und weiß, wo sie hingehört. Sie hat ein richtiges Zuhause, wo sie willkommen ist. Sie träumt vom Fliegen.

Bisher doch so gut gegangen!

Wenn Johanna heute ein Jahr zurückdenkt, dann überkommt sie ein Gefühl von Scham und zugleich übergroße Erleichterung. Dann fühlt sie sich unwahrscheinlich gewachsen, beinahe schon im positiven Sinne erwachsen, wenn man das so bezeichnen will.

Heute kann sie wieder in ihrem Tagebuch blättern. Über vieles, was sie damals eingetragen hat, schüttelt sie den Kopf. Vieles findet sie echt blöd, vieles kann sie gar nicht mehr verstehen. Oder doch? Es kommt eben ganz auf ihre Stimmung an, denn die ist nach wie vor zu Höhenflügen und ganz rasch auch zur Landung im Psycho-Tief bereit. Es ist schon komisch, wie das alles so geht, eben einfach zu kompliziert, um es erklären oder verstehen zu können.

Jetzt ist sie 15 Jahre alt, und ihre Geburtstagsfete letztes Wochenende war eine echt heiße Sache. Am Nachmittag die Verwandtschaft mit Kuchen und dem üblichen Familiengetue, aber trotzdem ganz gut. Dann am Abend die Disco, für die alle von der Clique gesorgt haben.

Ulle hatte Popcorn gemacht. Maik hatte seine Anlage zur Verfügung gestellt und den ganzen Tag mit Jenne, Mark und Flori den Sound − die Lautsprecher − ausprobiert. Das Haus zitterte bereits Stunden vor dem Ereignis. Sie hatte Spaghetti gekocht, und ihre Mutter hatte ihr eine wirklich super gelungene Hackfleischsoße mit Ketchup und jeder Menge italienischer Gewürze gekocht. Sie wäre ja auch gar nicht mehr dazu gekommen, obwohl sie zunächst alles im Griff hatte. Dauernd rief jemand an, klingelte es an der Haustür. Erst die von der Klasse, dann die vom Kajak-Club und Biene und Mücke von nebenan.

Daß ihr außer den Kumpels auch ihr Bruder Gunter tags drauf beim Aufräumen half, war echt stark. Ohne seine blöden Witze hat er die Klapptische und Bänke abgebaut und zum Nachbarn zurückgebracht. Also wirklich, da war er eben wieder der feine Kerl, der große Bruder, den Johanna so mag und mit dem sie gelegentlich angibt.

Sie merkte genau, wie Biene und Mücke Augen machten, aber für Gunter waren sie nun mal wirklich noch zu jung und unerfahren. Auch wenn Gunter ganz gern seinen Charme spielen ließ – der alte Chauvi eben. Und Mutter hatte auch alles gut verdaut. Aber sie hatten sich ja auch alle an die Abmachung gehalten: Um Mitternacht ist Schluß. Sorry, es war Viertel nach – »das akademische Viertel«, wie Papa zu sagen pflegt.

Wenn es vor einem Jahr anders ausgegangen wäre? Dann hätte es keine Geburtstagsparty mehr gegeben – aus, futsch, finito. Wäre wirklich schade gewesen. Seitdem hat sich wirklich viel getan, wie gesagt: eben echt vorwärts gekommen.

Mutter hatte ihr zum Geburtstag den alten, kleinen Ring mit dem Schlangenköpfchen geschenkt. Sie hatte ihn wiederum einmal von ihrer Mutter bekommen. »Hannchen« – das sagt sie nur bei besonderen Anlässen –, »die Schlange, das gute Symbol der Weisheit, möge dich begleiten!« – sprachs und steckte ihr den Ring an den Finger. Die Mutter nahm sie – wie immer bei solchen Anlässen – ganz fest in den Arm, obwohl Johanna jetzt schon größer war als sie. Und wieder hat Johanna deren Parfüm genossen, ein wenig herb und dennoch fein. Der Duft hieß für sie Zuhause, es gut haben, total versorgt sein. Ihre Mutter als leidenschaftliche Religionslehrerin hätte es »von Engeln behütet« genannt – so ein Gefühl eben. Mutter neigt gern dazu, die Dinge pathetisch zu umschreiben, vor allem wenn sie ihre Rührung verdecken will. Meistens kam dann ein total blöder Spruch hinterher: »Und dann könntest du noch die Geschirrspülmaschine ausräumen, die tut das auch nicht von selbst!«

Was hatte sich Johanna schon darüber aufgeregt – aber Mutter konnte es einfach nicht lassen, sie lernt es wohl nie mehr. Immer muß sie sofort umschalten, autoritär bis ins letzte. Na ja, eben Lehrerin und Kantorin. Engagiert bis über die Ohren. Ihr Elan konnte einem schon dicke sein – zu Hause gab es dann über die unaufgeräumte Küche Höllenzoff. »Warum ist der Abfalleimer nicht geleert, und über die leeren Sprudelflaschen muß erst jemand fallen, bis sie in die Kiste zurückkommen.«

Mutter war oft ausgepumpt und rasch in Rage. Als ob Johanna nicht auch müde gewesen wäre, von der Schule, von all den Unternehmungen wie Kino, Konzert, Kajak-Gruppe.

Und dann der Knatsch mit Ulle, wo sie sich einfach ausgetrickst fühlte. Ausgerechnet Ulle, die Freundin seit Kindergartentagen, die spannte ihr den damals von allen angebeteten Lars aus. Und dann hat das nur vier Wochen gedauert, und Ulle kam als heulendes Elend zu ihr, weil er sich in die blöde Conny verliebt hatte. Ausgerechnet Conny, die immer meint, sie wäre was Besonderes, weil sie so perfekt Französisch kann. Kunststück, bei einem Vater in einer Pariser Niederlassung!

Ach ja, Vater. Er liebte seine Ruhe, seine Pfeife, seine Bücher und seine Arbeit an der Uni. Ihm ging seine umtriebige Frau einfach auf den Geist – damals, als Johanna fünf und Gunter 13 Jahre alt waren, ließen sich die Eltern im guten Einvernehmen scheiden. Vater zog aus, aber Johanna empfand das damals nicht als schlimm, er hatte sich ja auch sonst in sein Arbeitszimmer zurückgezogen. Er war immer still, lieb, mit den Gedanken bei seinen Büchern und eben auch ein wenig langweilig. Beide hatten nie richtigen Kontakt.

Johanna konnte sich nicht an Krach erinnern, es sei denn, wenn die Mutter wie ein Vulkan sprühte. Ihr Temperament war gelegentlich ganz schön stressig. Wäre sie nicht Lehrerin geworden, wäre sie zur Bühne gegangen, dafür hat sie auch heute noch eine Schwäche. Eigentlich konnte Johanna heute ihre Mutter mit ganz anderen Augen sehen. Daß sie vor einem Jahr überhaupt nicht mehr miteinander konnten, hatte wohl auch mit den zu ähnlichen Gefühlslagen zu tun. Damals kam ja auch wirklich alles zusammen. Erst die erste große Liebe mit Lars. Sie war so durcheinander, es war alles so neu, so irre schön. Mutter sollte doch nichts merken, es sollte doch Johannas Sache ganz allein sein. Nur Gunter hatte sie relativ bald davon erzählt. Aber Gunter interessierte sich wenig für ihre Geschichte, was sie ihm damals wahnsinnig übelnahm.

Als er Anfang des Jahres von Amerika kam, hat sie ihm stundenlang zugehört, wie so ganz anders das Leben dort sei. Viel freier, viel weniger beobachtet und kritisiert. Da konnte jede und jeder nach ihrer beziehungsweise seiner Façon selig werden. Da ließ jeder jeden. Nicht so wie hier, wo der gesellschaftliche Mief, die kleinkarierte Denkart alle zurechtstutzt wie eine Platanenallee. Gunter hat ihr pausenlos seine Philosophie vom freien Menschen verklickert. Was hatte er ihr nicht alles vom Dasein ohne verklemmte Sexualität erzählt. Und wie das mit Religion, mit materieller und individueller Ausbeutung zusammenhing. Alles, was sie in der Schule lernte, alles, was in Politik, Wissenschaft und Wirtschaft gesagt würde, wäre nur Blabla. Wichtig wäre nur, herauszufinden, wer man selber sei, um dann seine Bedürfnisse zu leben, eben frei, ganz frei. Gunter war zu dieser Zeit echt abgehoben. Das machte sich auch im alltäglichen Miteinander bemerkbar – oder wäre es besser, es alltägliches Aneinander-Vorbei zu nennen? In dem Einfamilienhaus wohnten sie beide unter dem Dach und benutzten gemeinsam das obere Bad. Obwohl beide für die oberen Räume zuständig waren, verließ Gunter alles wie ein Pascha. Die Klamotten lagen überall, Dusche und Waschbekken sahen dementsprechend aus. Sein Spruch lautete:»Wenn's dich stört, Kleine, dann räum auf!« Und schon war er weg – wichtige Termine an der Uni, Treff mit einer neuen Freundin.

Immer fand er einen Ausweg, um sich der gemeinsamen Aufgabe, ihr Stockwerk in Ordnung zu halten, zu entziehen. Mutter bekam gar nicht richtig mit, wie Johanna Gunters Verhalten auf den Wecker ging. Auch fand sie es blöd, zu petzen. Mutter war begeistert, wie die beiden ihre Dinge selbständig regeln. Das war ja auch das Erziehungsprinzip: Soviel Freiheit wie möglich, soviel Struktur wie nötig. Wer zu Hause für sich sorgen kann, der kann es auch außerhalb. Doch die Geschwisterliebe war nur oberflächlich, wie der gesamte familiäre Kontakt.

Dann kamen noch solche Sachen: »Kannst du mir nicht mal 10 Mark leihen, bekommst sie nächste Woche wieder – großes Ehrenwort.« Aber das Geld kam nie zurück. Oder daß er sich selbstverständlich ihre CDs nahm und sie dann auf der Party vergaß – und dann waren sie weg.

Mutter war mit ihrem Jubiläumskonzert beschäftigt. Sie erwartete von Johanna mehr Mithilfe im Haushalt als von Gunter. Wenn Johanna sich beschwerte, war es Mutter gleich zuviel. Häufig klagte sie über Kopfschmerzen und wollte nicht gestört werden.

Dann kam eben die Sache mit Lars und Ulle. Eine Welt brach zusammen. Johanna konnte nicht mehr schlafen. In der Schule patzte sie zweimal hintereinander in Deutsch, obwohl das eines ihrer Lieblingsfächer war, mit dem sie bislang nie Probleme hatte. Nichts gelang mehr, die Gedichtinterpretation war die reinste Katastrophe. Damals schrieb sie in ihr Tagebuch: »Ich bin nur noch verzweifelt. Gunter nützt mich aus, Mutter hört mir nicht zu. Und Lars, Lars. Es ist, als ob es nicht mehr hell wird, nie mehr. In meinem Kopf ist alles durcheinander, mir tut alles weh. Ich kann es nicht verstehen. Die Schule ist mir nicht mehr wichtig, es hat keinen Sinn mehr. Und Ulle gibt es auch nicht mehr, kann es ja auch nicht mehr geben.« Nichts machte ihr mehr Spaß, sie hatte keinen Appetit mehr. In dieser Zeit nahm Johanna rapide ab, aber niemand schien es zu bemerken. Sie wurde stiller, zog sich früh unter dem Vorwand, noch etwas für die Schule machen zu müssen, in ihr Zimmer zurück. Sie ging kaum weg, sah nicht mehr fern. Niemand bemerkte, daß Johanna nachts in ihre Kissen weinte.

Und dann kam der Tag, an dessen Abend zuvor Gunter zu Hause eine Fete veranstaltet hatte. Mutter war mit einer Klasse im Schullandheim. Johanna war nach langer Pause wieder zur Kajak-Gruppe gegangen. Sie wollte bewußt nicht zu Hause sein. Erwartungsgemäß hatte Gunter die Küche wie einen Schweinestall hinterlassen. Als Johanna von der Schule kam, war Mutter bereits zu Hause und tobte. Johanna bekam den ganzen Ärger ab, aber sie wehrte sich nicht. Sie stand nur da, ihr war kalt, sie war müde. Johanna fühlte sich unendlich einsam, traurig, hilflos. Sie begann, mechanisch aufzuräumen, Aschenbecher zu leeren, Flaschen in den Keller zu bringen. Mutter hatte sich mit einer Tasse Kaffee zurückgezogen. Johanna ging in das gemeinsame Badezimmer – dort stand das Glas mit den 100 Aspirin. Gunter hatte sie aus Amerika mitgebracht, »besonders preiswert«.

Johanna wollte nur ihre Ruhe haben, nur schlafen, sonst nichts. Sie schrieb in ihr Tagebuch: »Ich habe so genug von allem, ich kann nicht mehr. Ich will nur noch schlafen. Ich bin ja niemandem wichtig. Es tut so weh, so weh!«

Als Gunter an diesem Abend nach Hause kam, fiel ihm das leere Aspiringlas auf dem Waschbecken auf. Er reagierte in diesem Moment hellwach und blitzschnell. Er rannte in Johannas Zimmer, wollte sie wachrütteln, schrie ihren Namen. Gunter brüllte nach der Mutter und rief sofort den Notarzt. Die Mutter hielt Johanna im Arm, aber Johanna reagierte nicht.

Die 15 Minuten, bis der Rettungswagen da war, erschienen endlos. Die Fachleute holten sich mit wenigen Worten erste Informationen und brachten Johanna unverzüglich in die Klinik. Das helle, grelle Neonlicht in der Klinik entsprach dem

Wachsein der Mutter, die mit Gunter hinterhergefahren war und nun vor der Tür der Notaufnahme saß.

Rasend schnell reihten sich glasklare Bilder aneinander, eingerahmt von Fragen, Antworten und Selbstvorwürfen. Was war denn gewesen, als sie im Schullandheim war? Hatten Gunter und Johanna Streit? Warum hatte sie bei der ersten Begrüßung heute mittag nur so übertrieben reagiert und dann nicht mehr nach Johanna geschaut? Aber solche Sachen waren doch nichts Ungewöhnliches. Mein Gott, Johanna. Du weißt doch, wie ich ausflippen kann, das kann es doch nicht gewesen sein. Du bist doch sonst immer so cool mit allem umgegangen, fandest deine Selbständigkeit toll. Was um Himmels willen ist denn gewesen?

Daß Ulle nicht mehr da war und Johanna früher zu Bett ging, na ja, schließlich kannte sie die Stimmungslagen ihrer Tochter. Dünner war sie geworden in der letzten Zeit, aber sie dachte, nun achte sie endlich auf ihre Figur. Sie selbst hatte ihr oft genug in den Ohren gelegen, daß Schokolade in diesen Mengen, wie sie Johanna verdrückte, dick macht. Es stimmte ja, in den letzten Monaten war ihr Kontakt zu Johanna weniger geworden. Sie hatte sich um ihr Jubiläumskonzert gekümmert und vermehrt zu tun gehabt, als sie Beratungslehrerin wurde.

Mit Johanna ging doch eigentlich immer alles glatt, sie war von Anfang an ein pflegeleichtes Kind. Selbst bei der Scheidung hatte sie kaum Reaktionen gezeigt. Mit Gunter war es viel schwieriger gewesen. Er war lange Zeit ein kompliziert denkender Junge. Alles mußte er hinterfragen, brauchte für alles viel Zeit. Nicht so Johanna. Sie begriff rasch, war sonnig und in ihrem Umgang mit der Welt flexibel und unbeschwert. Sie hatte Kontakt und immer etwas vor. Die zeitweilige Unterbringung bei der Tagesmutter nach der Scheidung fand sie damals spannend. »Nun habe ich zwei Mamas«, war zu der Zeit ihr Kommentar. Kindergarten, Einschulung – alles war nur Freude.

Natürlich gab es Probleme wegen der Zahnspange, dem Haltungsturnen oder weil sie nie ins Bett wollte. »Weißt du, Mama, ich muß noch lesen!« – da ging sie gerade in die erste Klasse. Wie oft saß sie an den Wochenenden morgens in ihrem Bett und las ihr vor. Kapitänin wollte sie werden oder Reiterin. Wie ist sie eigentlich 14 Jahre geworden? Schwierigkeiten gab es mit Gunter, er wollte das Abitur machen, eckte aber permanent an. Seine Überheblichkeit, sein borniertes Überfliegen hätten ihr als Lehrerin auch zu schaffen gemacht – da konnte sie die Kolleginnen und Kollegen vom Gymnasium schon verstehen. Wie viele Gespräche hatte sie mit Gunter geführt, wie viele tränenreiche Auseinandersetzungen hatte es mit ihm gegeben! Mit Johanna nie, sie klinkte sich problemlos ein. – Und ich nahm immer an, das ginge so weiter!

Absprachen hielt Johanna ein, für klare Abmachungen und Aufgabenzuteilung zur Bewältigung des Haushalts war Johanna zu haben. Hauptsache, der Kühlschrank war gefüllt – essen war für sie eine lustvolle Angelegenheit. Wie oft empfand sie Johannas Leben beneidenswert, niemand redete ihr groß hinein. Die Schule meisterte sie ohne großes Aufheben. Immer hatte sie irgendeine Unternehmung oder Verabredung. Die Frage »Was soll ich jetzt tun?« gab es bei ihr nicht. Ihr Zimmer stand voll mit Schweinchen jeder Art – sie sammelte sie wie andere Briefmarken. Eigentlich verwirklichte Johanna das Leben, das sie sich selbst bei ihren Eltern gewünscht hatte und das sie sich erst heute im beruflichen und privaten Raum zugesteht.

»Alles paletti!« – Wie oft hatte Johanna ihr das zugerufen! Ja, es stimmt, nie hatte sie über einen Freund gesprochen, sie erzählte stets nur von der Clique. Sie war ja auch noch kindlich, natürlich kicherig und machte sich über die »Damen« in der Klasse lustig. Beim Kajakfahren war sie eher draufgängerisch und machte den Jungen was vor.

»Hannchen, Hannchen, was habe ich nicht bemerkt, was habe

ich nicht gesehen, was habe ich nicht verstanden? Ich will, daß du wieder aufwachst; ich will, daß du mit mir sprichst, ich will alles wissen, ich will dir zuhören, Johanna, Johanna!« Gunter neben ihr schwieg. Er schwieg und rieb seine Finger aneinander, wie er es immer getan hat, wenn er wirklich nichts mehr sagen konnte. Aber es war gut, daß er jetzt da war, daß er jetzt nicht weglief, wie so oft. Es war gut, daß er schwieg – sie könnte seine überschlauen Analysen nicht ertragen, nicht jetzt.

Gunter hatte ein Gefühl, als ob jemand das Licht ausgemacht hätte.

Als Johanna, mit Infusion und Überwachungsgerät versorgt, auf der Station lag, blieben Mutter und Bruder noch an ihrem Bett. Die Mutter strich ihr das Haar aus der Stirn und sagte immer wieder wie zu sich selbst: »Es wird wieder gut, es wird bestimmt wieder gut.«

Und als würde es von Johanna zustimmend unterstrichen, öffnete diese kurz die Augenlider. Sie konnte nicht fixieren, nicht erkennen, aber es war für Mutter und Bruder, als sei in dieser Nacht die Sonne bereits aufgegangen. Die Nachtschwester spürte die Erleichterung und die entspannende Müdigkeit, die sich wie eine tröstliche Decke über die drei Menschen legte. Behutsam forderte sie Mutter und Bruder auf, nun für sich selbst zu sorgen. Sie sei in den nächsten Stunden für Johanna da. Schön wäre es, wenn jemand am Vormittag kommen könnte – da wäre Johanna gewiß wieder ansprechbar.

Gunter steuerte den Wagen durch die Nacht. Bei dem gleichmäßigen Motorengeräusch konnte die Mutter loslassen; sie weinte, weinte, weinte.

Die erste Begegnung zwischen Mutter und Johanna am Tag darauf war von Achtsamkeit und zärtlicher, verhaltener Zuwendung geprägt. Unsicher zuckte ein Lächeln um die Mundwinkel, um bei der Umarmung in ein befreiendes Weinen überzugehen. Weinen, Streicheln, Berühren, Drücken – Rituale aus längst vergangenen Tagen halfen jetzt, wo Sprache noch schwerfiel.

»Ja, die Nadel am Arm tut etwas weh, aber das ist aushaltbar. Wichtig ist, daß du da bist, Mutter.«

»Wichtig ist, daß *du* da bist, Johanna.«

»Nein, ich habe keinen Appetit auf das Frühstücksbrötchen, ja, ein wenig zu trinken ist gut.«

Johanna war noch benommen. Aber dann begann sie zu erzählen. Alles sollte die Mutter wissen, damit sie ihre Verzweiflung verstehen konnte. Alles, was so schwierig war – Lars, Ulle, Gunter, Schule. Komisch, jetzt auf einmal war Zeit da, war das Reden möglich. Mutter hatte Zeit für sie, hörte ihr zu. Sie sah müde und traurig aus.

»Nicht mehr weinen, Mutter, nicht mehr weinen.«

Wie leicht jetzt das Gespräch wurde. Warum nur war es bis dahin nicht möglich?

»Sei nicht mehr traurig, Mutter.«

Johanna wollte die Mutter trösten und sich entschuldigen. Die Mutter strich ihr vorsichtig über die Lippen. Kein Vorwurf, kein Wegdrücken des Schmerzes. Mutter und Tochter hielten das neue, uralte Nahesein aus.

Im Nachsorgegespräch reflektierten beide offen das Geschehen. Es überwog die Erleichterung, das Gespräch zueinander gefunden zu haben. Hier wurde deutlich, wie eng die Verbindung zwischen Mutter und Tochter noch war, wie sehr Johanna die Mutter als Freundin und Mitwisserin noch brauchte. Vieles konnte sie schon selbständig regeln, aber vieles bedurfte noch der Mitteilung, des gemeinsamen Bedenkens. Vieles war schön und wundervoll und zugleich schwer.

Johanna hatte viele Fragen, auf die sie die Antworten selber finden wollte und mußte. Aber es war wichtig, daß Mutter Zeit hatte für ihre Fragen, diese ernst nahm, ohne sie gleich selbst zu beantworten. Künftig würde die Zeitplanung von beiden wichtig sein, damit sie einander wirklich begegnen könnten. Müdigkeit, Streß und Unmut hatten verschiedene Wurzeln. Echte Wut konnte sich reinigend entladen und wird auch künftig zum Leben gehören. Konflikte müssen ausgetragen werden. Sie machten sich bisher häufig an lapidaren Alltagsaufgaben fest – hier waren jetzt alle gefragt, auch Gunter. Der war nun wie ausgewechselt. Er schien wirklich etwas begriffen zu haben. Er sagte unter anderem:»Wenn du nicht mehr wärst, das könnte ich mir nicht vorstellen, es würde mir was fehlen. Ach Johanna, du weißt gar nicht, wie sehr ich dich brauche!«

Sich auf die Schule und ihre Anforderungen konzentrieren zu können, war der Schlüssel zum Erfolg, den Johanna sich wünschte. Sie würde lernen müssen, ihre Energie richtig einzusetzen und sich zur rechten Zeit Hilfe zu holen. Johanna fielen plötzlich viele Menschen ein, denen sie sich anvertrauen konnte, denen sie wichtig war. Eigentlich gab es doch ein enggeknüpftes Netz freundschaftlicher Beziehungen in der Schule, in der Clique, im Kajak-Club und auch in der Verwandtschaft.

So viele hatten sich nach ihr erkundigt. Ulle hatte sehr geweint und ihr ein Schwein aus Schokolade in die Klinik gebracht. Sie hatte sich richtig entschuldigt, und Lars auch. Aber das mit Lars war jetzt anders. Daß es Ulle wieder gab, war toll:»Wir müssen wieder viel zusammen machen! Sie ist ja doch meine Freundin geblieben!«

Die Mutter erinnerte sich, daß sie als Pubertierende ebenfalls einmal einen Suizidversuch mit Tabletten unternommen hatte. Ihre eher strengen Eltern, die ihr zu wenig Spielraum zur eigenen Erfahrung ließen, waren damals der Auslöser. Ein Vetter hat mit 26 Jahren einen Suizid begangen. Bei aller anpackenden Lebensfülle schien es wohl doch eine zur Depression neigende Lebensbewältigungsschiene in ihrer Familie zu geben.

Der Vater Johannas reagierte bedächtig zuhörend und war beruhigt, daß alles glimpflich abgelaufen war. Pubertät war eben eine Zeit besonderer Turbulenzen, er war ja auch mal jung. Johanna war und blieb die Tochter ihrer Mutter – himmelhoch jauchzend, zu Tode betrübt.

Nach der Vorstellung beim Jugendpsychiater wurde eine aktuelle Suizidalität ausgeschlossen. Nach vier Tagen Klinikaufenthalt konnte Johanna entlassen werden. Zur Stabilisierung der neuen Erkenntnisse, zur Einübung der Reflexion und der Regeln im Umgang mit sich selbst und anderen wurde eine Nachsorge angeraten. Mutter und Tochter stimmten dem Vorschlag zu. Johanna kam einmal pro Woche zum Gespräch und brachte ihr Tagebuch mit. Ihre Freude, Konflikte zu erkennen und Lösungen zu finden, war spürbar. Sie war neugierig, unternehmungslustig und wieder voll integriert. Die Mutter gewann nach anfänglichen Unsicherheiten wieder Vertrauen zu Johanna und zu sich selbst. Diese Erfahrung brachte ihr etwas mehr Behutsamkeit ein, auch gegenüber sich selbst. Sie achtete mehr auf Zeitstrukturen und sagte, ohne Einbuße zu empfinden, auch mal den einen oder anderen Termin ab. Statt Kaffee und Kopfschmerztabletten machte sie wieder mehr Entspannungstraining. Auch ihr wurde bewußt, wie sehr sie am Rande ihrer Belastbarkeit lebte.

Johanna wollte nicht sterben. Sie wollte ins Leben gerettet werden.

Schon immer ein anstrengendes Kind

Die Mutter-Kind-Kur wirkt wie die Landung auf einem anderen Stern. Frau Becker ist nun schon die dritte Woche hier mit der dreijährigen Jule, ihrer Jüngsten. In den ersten Tagen konnte sie nur schwer abschalten. Dauernd hörte sie noch das Telefon klingeln, hatte Termine im Kopf und schaute unbewußt ständig auf ihre Armbanduhr. Sie ertappte sich, wie sie sich Sorgen machte, was zu kochen und dafür einzukaufen sei. Gedanklich blieb sie in ihrem Wochenrhythmus. Sie dachte an die Stundenpläne und Freizeitaktivitäten ihrer beiden Großen, Mathias, 13 Jahre, und Benjamin, 12 Jahre.

Seit jeher orientiert sie sich an den Bürozeiten ihres Mannes, der als selbständiger Versicherungskaufmann am liebsten rund um die Uhr arbeitet. Sie macht die Buchführung und die Gehaltsabrechnungen für die vier Angestellten. Im Haushalt hilft ihr Magdalene, die zweimal in der Woche für vier Stunden zu ihr kommt. Ihr kann sie vieles selbständig überlassen, sie weiß immer, was an der Reihe ist.

»Frau Becker, gehen sie heute abend wieder mit in die Sauna?« Die Stimme weckt sie aus ihren Gedanken. Ihre Zimmernachbarin ist vom Joggen zurückgekehrt.

»Ja, gerne. Da geht es doch immer heiß her, da werden die tollsten Themen angesprochen.«

Ja, Themen wie Familien, Beziehungen, Belastungen. Wie gut ihr das Reden tut! Und wie manche ihrer Sorgen relativiert werden! Die Trennung von Mann und Söhnen auf Zeit hat ihr so gut getan. Anfangs konnte sie sich nicht vorstellen, ausgerechnet ein halbes Jahr nach dem Suizidversuch von Mathias die Familie sich selbst zu überlassen. Aber sie hat es dann doch gewagt. Hier bleibt ihr Zeit, über vieles nachzudenken, mit genügend Abstand und ohne das Terminkorsett, das ihr durch andere angelegt wird.

Daß Gerd, ihr Mann, sich Zeit nahm, das letzte Wochenende hier zu verbringen, kam ihr immer noch wie ein kleines Wunder vor. Mit mulmigem Gefühl hatte sie an Mathias und Benjamin gedacht, aber hier war Magdalena eingesprungen: »Die kommen einfach zu mir zum Essen, basta.« Mathias hatte ihr am Telefon versichert, daß er sich auf das Wochenende freue. Er wollte in die Eishalle und dann noch ausgiebig Schlagzeug spielen. Ja, das Schlagzeug, es scheint ihm wirklich etwas Wichtiges zu sein. Ein Glück, daß sie im eigenen Haus wohnen, sonst wäre so ein Hobby wohl schwierig in die Tat umzusetzen. Und daß Gerd endlich bereit war, den Hobbyraum zu isolieren und Mathias seinen Traum verwirklichen half, grenzte das nicht auch an ein Wunder?

Mathias, ihr Ältester! Er ist seit jeher ein dominierendes Kind. Benjamin schlägt leise Töne an und ist rasch zufriedenzustellen. Trotzdem ist Matze immer auf ihn eifersüchtig. Selbst wenn beide Jungen das gleiche bekommen, empfindet Mathias sich als zu kurz gekommen. Bekommt Benjamin ein Mountainbike zum Geburtstag, ist das von Mathias längst nicht so gut. Die Rivalitäten unter den Brüdern nehmen gelegentlich groteske und auch aggressive Formen an. Da ist das Treten unter dem Tisch noch harmlose Plänkelei.

Mathias ist immer ein lauter, auf sich aufmerksam machender Junge gewesen. Seine Unachtsamkeit mit seinen eigenen Dingen führt zu ständigen Querelen mit den Eltern. Vor allem mit dem Vater kommt es hier häufig zu Konflikten, wenn er sich denn mal um Mathias kümmert, was selten genug vorkommt. Mathias hatte schon immer hohe Ansprüche und Wünsche materieller Art. Und viele Wünsche wurden ihm von den Großeltern, den Eltern von Gerd, erfüllt. Sei es die Stereoanlage, sei es der Computer, sei es die teure Skiausrüstung, die ihm jetzt schon wieder nicht mehr paßt, weil er so schnell wächst. Immer alles vom Feinsten. Und dabei geht Mathias so achtlos mit den Dingen um.

Einmal ist ihm das Mountainbike im Freibad gestohlen worden. Er hatte seine Sicherung zu Hause vergessen. Und dann ärgerte er sich, daß er zu Fuß nach Hause laufen mußte. Sein einziger Kommentar: »War ja auch nicht mehr das Neueste.« Immer wenn er von der Schule kommt, wirft er mit lautem Getöse seine Mappe in die Ecke, kann auf das Mittagessen keine fünf Minuten warten. Oder er breitet seine Hefte auf dem Eßtisch aus, um dann empört in sein Zimmer zu gehen, weil der Tisch gedeckt werden soll. Dort stößt er dann wütend seinen Drehstuhl um. Kurz danach kommt er dann zu Tisch mit großem Appetit, erzählt, wie blöd wieder dieser oder jener Lehrer war und daß die Note in der Mathematikarbeit ungerecht sei. Benjamin sitzt still daneben.

Frau Becker ist immer etwas ratlos und schweigt. Manchmal wünscht sie sich, irgend jemand würde ihm Grenzen setzen. Doch andererseits hat er auch seine lieben Seiten. Denn mit Jule ist das vollkommen anders. Mathias liebt sie über alles. Mit ihr hat er Geduld, mit ihr geht er richtig zärtlich um. Aber am liebsten hat er es, wenn er ganz früh aufsteht. Das geschieht vor allem am Wochenende. Da deckt er den Frühstückstisch und kocht Kaffee. Und wenn dann Mutter dazukommt, hat er gewonnen: »Mach kein Radio an, damit die anderen noch wegbleiben.« Mathias gießt der Mutter den Kaffee ein, sitzt neben ihr und genießt die Zeit mit ihr allein. Kommen Vater und Benjamin, verkrümelt sich Mathias.

Ach ja, die Wochenenden. Wie oft hat Frau Becker sie mit den Kindern schon geplant, sich auf eine gemeinsame Unternehmung mit ihnen gefreut. Und wie oft muß Gerd dann doch in sein Büro. Und hört er endlich auf zu arbeiten, ist es meist für den Ausflug zu spät oder die Jungs haben sich in ihre Zimmer verzogen. Wie oft hat sie angeregt, mit den Kindern gemeinsam ein Spiel zu machen. Und wie oft kommt dann ein Anruf oder noch ein Kunde oder Kundenbesuch dazwischen!

Frau Becker ist seit jeher ambivalent in ihren Gefühlen. Einerseits will sie ein harmonisches Familienleben mit gemeinsamen Unternehmungen. Andererseits versteht sie, wenn Gerd nach der Arbeit müde ist und sich beim Gameboyspiel oder beim Fernsehen entspannt. Wirklich gemeinsame Zeit mit Unternehmungen, an denen alle beteiligt sind, gibt es nur in den Ferien, aber länger als acht bis zehn Tage verbringen sie nie gemeinsam.

Ab und zu kommen die Schwiegereltern, mit denen Frau Becker eigentlich ganz gut zurechtkommt. Die Reibereien finden eher zwischen ihrem Mann und seinem Vater statt. Der Vater hatte seinen Fensterbaubetrieb aufgegeben, weil sein Sohn kein Interesse zeigte. Er ist immer noch der Meinung, daß das eine Goldgrube geblieben wäre, zumal er rechtzeitig den Betrieb auf Kunststoffenster umgestellt hatte. Aber nein, der Junior orientierte sich anderweitig. Dabei hätte die Schwiegertochter als Bürokauffrau doch das Büro machen können.

Herr Becker senior hat sein Leben lang hart gearbeitet, sich nichts gegönnt, seinen Sohn zu Arbeit und Sparsamkeit erzogen. Seine Erwartungen wurden jedoch nicht erfüllt. Jetzt setzt er heimlich alles auf Mathias, den ersten Enkelsohn. Der hat den gleichen starken Willen wie der Großvater. Und obwohl es sonst nicht seine Art ist, steckt er dem Matze gerne etwas zu. Benjamin dagegen ist eher wie sein Vater, ruhig, er entzieht sich auf so eine stille, unbemerkte Weise. Herr Becker senior erscheint immer mit Getöse. Wenn etwas nicht so läuft, wie er es sich vorstellt, wenn Gerd keine Zeit hat, dann kommen seine Sprüche, die verletzend und mißbilligend sind. Die Großmutter schweigt dazu. Sie mischt sich in die Spannungen zwischen Mann und Sohn nicht ein, aber ihre geschlossen bewegten Lippen sprechen Bände. Und sie, die Schwiegertochter, steht dazwischen und bemüht sich, nach allen Seiten auszugleichen und zu beschwichtigen. Sie lädt die Großeltern zum Essen ein, deckt sorgfältig den Tisch und kocht Deftiges, weil sie weiß, daß der Schwiegervater so etwas mag. Doch alle Bemühungen scheinen keiner besonderen Beachtung wert zu sein.

Nach den Besuchen ist ihr Mann besonders still und die geöffnete Weinflasche besonders schnell leer. So oft sie auch mit Gerd darüber reden will, er sagt nichts oder wiegelt mit Unmut ab,

Wenn in solchen Momenten Mathias seinen Wutanfall bekommt, dann rastet der Vater aus. In diesen Situationen kann es vorkommen, daß Mathias Prügel bezieht. Auf einmal wird der Vater autoritär, will alle Hefte sehen, erkundigt sich nach Noten und will wissen, was Mathias überhaupt den ganzen Tag mache. Nach der Entladung des Gewitters verzieht sich Gerd regelmäßig an seinen Computer oder muß noch mal geschäftlich weg.

Mathias ist nach solchen Ausbrüchen väterlichen Engagements besonders weich und hilfsbereit. Wenn sie zum Gute-Nacht-Sagen an sein Bett kommt, hält er seinen Schlafhasen im Arm, läßt sich gerne zudecken, aber er will nie über die Angelegenheit sprechen. Tags darauf bietet Mathias dem Vater seine Hilfe an. Er könne ja das Auto waschen. Herr Becker nimmt den Vorschlag meistens an, insgeheim aber in Sorge um den Lack. Dem vielbeschäftigten Vater gelingt es nicht, die Angebote seines Sohnes als positives Zeichen zu verstehen: Als zum Beispiel Herr Becker seine Bohrmaschine sucht und sie auf dem ramponierten Schreibtisch seines Sohnes findet, ist er außer sich vor Wut. Dabei wollte Mathias nur ein Vogelhaus für die Mutter konstruieren und kann die Aufregung überhaupt nicht verstehen.

Mathias gibt zunehmend mehr Anlaß zu Spannungen. In der Realschule kommt er leistungsmäßig gut mit. Aber sein aufmüpfiges Verhalten gegenüber Lehrern und Ordnungen wird im Klassenbuch vermerkt, und auch im Elterngespräch wird mit Nachdruck darauf hingewiesen. Mathias sei ein intelligenter, im Begreifen besonders herausragender Schüler, aber seine soziale Integrationsfähigkeit wäre eher bescheiden. Er könne sich schwer einordnen, bevormunde Mitschüler und Lehrer gleichermaßen. Seine Kontakte zu Klassenkameraden sind wechselhaft. Freundschaft über eine längere Zeit kennt Mathias nicht. Er stößt seine Klassenkameraden rasch vor den Kopf und läßt dann niemanden an sich heran. Mit Benjamin klappt dagegen alles ohne Schwierigkeiten. Er ist ein idealer Schüler, unbeschwert, gleichbleibend guter Durchschnitt.

Frau Becker fühlt sich überfordert, zumal sie zunehmend weniger mit Mathias reden kann. Die Lehrerinnen und Lehrer raten zum Besuch einer Erziehungsberatungsstelle. Davon will der Vater nichts wissen. Er hält vor allem die Schule und einige Lehrer für nicht kompetent genug. Eine gewisse Gereiztheit veranlaßt die Eltern, dieses Thema zu meiden.

Dann entdeckt die Mutter beim Aufräumen einen neuen Gameboy in Mathias' Zimmer. Darauf angesprochen, redet sich Mathias damit heraus, daß er ihn von einem Freund geliehen habe. Als die Mutter auf den Namen des Freundes drängt, gibt Mathias zu, daß er ihn in einem Geschäft gestohlen hat. Es kommt zu massiven Auseinandersetzungen und gegenseitigen Vorwürfen zwischen den Eltern.

Mathias erhält vom Vater ab sofort Hausarrest. Am nächsten Tag bringt Frau Becker das Gerät in das Geschäft zurück, um wenigstens weiteren Ärger zu vermeiden. Als sie nach Hause kommt, ist Mathias verschwunden. Sie sucht das ganze Haus ab und verständigt schließlich ihren Mann.

Zwei Stunden später werden die Eltern durch die Polizei benachrichtigt, Mathias läge mit einer Schußverletzung im Krankenhaus. Vor geraumer Zeit hat Mathias dem Großvater aus dem Nachttisch eine Schreckschußpistole entwendet. Niemand hat es bemerkt. An diesem Nachmittag holt er die Pistole aus seinem heimlichen Versteck, hält sie sich an die Schläfe und drückt ab. Ein Spaziergänger findet Mathias kurz danach im Park. In seiner Hosentasche hat der Junge einen handgeschriebenen Zettel:

»Ich mache Schluß, dann habt ihr keine Sorgen mehr mit mir. Ich habe Euch lieb. Euer Mathias«.

Frau Becker kann heute nicht mehr genau sagen, wie sie diesen Tag überstanden hat. »Es war der schwerste Tag in meinem Leben. Das kann niemand nachempfinden, es ist unbeschreiblich. Diese entsetzliche Hilflosigkeit, diese totale Fassungslosigkeit.« Sie, die eher dazu neigt, allem etwas Positives abzugewinnen, ist außerstande, zu begreifen, was passiert ist. Niemals hätte sie je an eine solche Reaktion gedacht. Es war wirklich außerhalb ihres Denkens, ihres Vorstellungsvermögens, daß sich ihr Kind, ihr Mathias, mit solchen Gedanken befassen könnte. Natürlich hatte sie von so etwas gehört, gelesen, aber das betraf immer andere. Nein, es wollte nicht in ihren Kopf. Das war ein böser Traum, der hatte nichts mit ihr zu tun. Es war ein Zustand, als ob ihr der Boden unter den Füßen weggezogen würde. Es war unbegreiflich, dafür gab es keine Worte.

Aber er lebt. Der Schuß hat eine Fleischwunde, keine Gehirnverletzung zur Folge gehabt. Mit einer schweren Gehirnerschütterung muß gerechnet werden. Mathias hat Glück gehabt und muß zunächst in der Klinik bleiben. Er ist benommen, aber ansprechbar.

Die Eltern fahren gemeinsam in die Klinik. Bleich, mit zitternden Händen hält Herr Becker das Steuer. Seine Stimme ist tonlos, als er die Station erfragt. Und dann steht er am Bett, die Hände verkrampfen sich. Mathias hat einen dicken Verband um den Kopf, das Gesicht ist angeschwollen, die Augen sind geschlossen. Gerd steht schweigend da und schaut auf seinen Sohn. Als Frau Becker ihn an den Schultern berührt, wendet er sich ihr zu, legt den Arm um sie. Es ist still, unheimlich still. Als ihr die Tränen laufen, kann Gerd sich nicht mehr halten. Er weint wie ein Kind.

Das Gespräch mit dem Stationsarzt verläuft in sachlich informativer, distanzierter Form. Nüchtern wird erklärt, wie glimpflich alles abgelaufen und wie haarscharf Mathias an einer ernsten Hirnverletzung vorbeigeschlittert ist. Es handelt sich, soweit die Verletzung momentan beurteilt werden kann, im wahrsten Sinne des Wortes um einen Schreckschuß, der wohl von allen verdaut werden muß.»Ja, die Pubertierenden, die haben so ihre Probleme und die machen Probleme. Was da wohl alles dahintersteckt?«

Frau Becker kann sich nicht erinnern, daß sie jemals so lange mit ihrem Mann gesprochen hat wie in jener Nacht. Eine lange, harte, quälende Nacht, die viel Nähe und Offenheit zuläßt. Viele Stimmungen und Gefühle liegen dicht beieinander: Wut und Verzweiflung, Zorn und Selbstanklage, Schuldzuweisung und Rechtfertigung.

Der darauffolgende Tag fordert die Eltern wie eh und je. Benjamin geht zur Schule, Gerd kümmert sich um die geschäftlichen Dinge. Es geht ja alles weiter, ohne daß innegehalten werden kann. Sie hat ein Gefühl totaler Zerrissenheit: Kann es denn möglich sein, daß alles weitergeht wie gehabt? Da bringt sich Mathias beinahe um, und in der Nacht wird so viel überlegt und in Frage gestellt, und der Tag danach spult sich ab mit Terminen, Telefonaten und Mittagessen wie gehabt um 12.30!

Dieses Wechselbad der Gefühle ist ihr unerträglich. Die nächtliche Nähe zwischen Gerd und ihr hat bei Tag keinen Bestand mehr. Als Frau Becker zur Klinik fährt, erkennt sie zu spät die Vorfahrt des von rechts einbiegenden Wagens: nur Blechschaden, aber er genügt zum völligen Zusammenbruch.

In der Klinik wird Frau Becker erst einmal Ruhe verordnet. In Gesprächen mit Ärzten und Sozialdienst wird das ganze Ausmaß der Belastung dieser Familie deutlich. Erst in der extremen Ausnahmesituation kommt es zu dem notwendigen Innehalten.

Jetzt, da Herr Becker gezwungen ist, sich in erster Linie um die Kinder zu Hause und um Frau und Sohn in der Klinik zu kümmern, wird er sich der ganzen Familiensituation erst richtig bewußt. Die Aufgaben, die er jetzt übernehmen muß, beinhalten Forderungen, die er bislang so nicht gekannt hat. Er wird mit all dem konfrontiert, was er in seinem Geschäftsdenken legitim ausklammern konnte. Gerd wird klar, daß das Leben seiner Familie, für das er sich derart abrackert, genau da auf dem Spiel steht, wo er bisher geglaubt hat, alles für sie zu tun. Es dauert geraume Zeit, bis er alles so arrangiert hat, um das, was jetzt ansteht, auch umzusetzen. Er schaufelt sich Zeit frei für Gespräche mit seiner Frau. Er bleibt bei Mathias und hört ihm zu. Aber es ist ein mühsamer Weg, bis Mathias mit ihm zu reden beginnt. Über Tag ist Magdalene bei Jule und Benjamin. Aber in der Nacht kommen beide Kinder zu ihm ins Bett. Sie kuscheln sich an ihn, und Jule fragt, ob er jetzt ihre Papamama sei.

Herr Becker beginnt mit wachen Ohren zu hören, mit neuen Augen zu sehen. »Papamama«, das geht ihm unter die Haut, das heißt Rundumversorgung, zugleich wärmt ihn soviel Vertrauen. Er braucht Hilfe und lernt Hilfe auch anzunehmen. Herr Becker erfährt durch Gespräche im Krankenhaus, in der Schule, aber auch mit seinen Mitarbeitern und mit Magdalene eine neue Lebensqualität. Er begreift, wieviel ihm bislang auf dieser engen arbeitsteiligen Schiene, die er praktizierte – Frau = Familie, Mann = Geschäft –, nicht möglich war. Er sieht zum erstenmal, was Haushalt und Kinder beinhalten. Und er kommt Mathias langsam, aber mit Beharrlichkeit und Geduld näher.

Über einen Nottermin beim Jugendpsychiater kann er sich zum Gang zur Erziehungsberatung entschließen. Beide Elternteile, Mathias und Benjamin finden dort ihre Ansprechpartner. Langsam begreift der Vater, wie sehr Mathias um ihn kämpfte, um seine Anerkennung, um seine Wichtigkeit. Wieviel Mathias eigentlich mit ihm zu tun haben will.

Die Gespräche helfen auch Benjamin, die Beziehung zu seinem Bruder zu verbessern. Auch für ihn sind die letzten Wochen schwer erträglich gewesen. Alles drehte sich um Mathias. Benjamin übersteht die Turbulenzen nicht zuletzt durch die Hilfe seiner Freunde und seines Engagements im Schwimmclub.

Mathias' Suizidversuch und Frau Beckers Zusammenbruch wurden somit zur Chance für die ganze Familie.

Familiengeheimnis

»Warum tun Väter so etwas Töchtern und Müttern an?«Diese Frage schreibt die 16jährige Stefanie Hansen auf ein Blatt Papier, um kurz darauf das Geschriebene durchzustreichen und neu zu formulieren:»Warum tun Männer so etwas Frauen an?« Dieser Satz ist nicht ganz so nah wie der erste. Er ermöglicht die notwendige Distanz, um sich dem unaussprechlichen Thema anzunähern.

Daß Stefanie die Frage überhaupt stellen kann, ist schon ein großer Schritt in der Aufarbeitung ihrer Mißbrauchsgeschichte. Jetzt kann sie – ohne Angst vor nicht steuerbaren Gefühlen – Worte finden auf dem Weg zurück dahin, wo das Erinnern Heilung, heil zu werden verspricht.

Lange brauchte Stefanie, um sich jemandem öffnen und anvertrauen zu können. Verzweifelt hatte sie zuletzt versucht, ihrer Sprachlosigkeit eine Stimme zu geben: Sie schnitt sich tief mit Rasierklingen in den Arm, wurde aber erst bemerkt, als es beinahe zu spät war.

»Intoxikation mit Schlaftabletten und Ritzspuren an beiden Handgelenken« lautete die Diagnose. Die Entgiftung war Routinesache. Am folgenden Tag gab Stefanie als Grund für den Suizidversuch Probleme mit dem Freund an. Liebeskummer vermuteten Ärzte und Stationspersonal.

Die Mutter hatte Stefanie, als sie vom Dienst nach Hause gekommen war, auf dem Bett schlafend vorgefunden. Das leere Schlaftablettenröhrchen gab ihr die Auskunft, zu der Stefanie nicht mehr imstande war. Der angerufene Hausarzt veranlaßte die sofortige Einweisung in die Klinik.

Das ist jetzt ein Jahr her. Wie gut, daß sie damals rechtzeitig von der Arbeit kam!

Natürlich hatte sie die verletzten Finger ihrer Tochter bemerkt. In der letzten Zeit hatte Stefanie vermehrt die Nagelhäute blutig gerissen. Vor sechs Jahren, als sich Frau Hansen scheiden ließ, sahen Stefanies Hände ganz schlimm aus, und sie wußte sich kaum zu helfen.

Doch jetzt ist Stefanie seit drei Monaten mit Markus befreundet, ein netter Junge von bald 18 Jahren. Markus macht eine Mechanikerlehre und büffelt schon fleißig für den Führerschein. Da die beiden sich gut zu verstehen scheinen, macht sich Frau Hansen wenig Gedanken über Stefanies Hände.

Sie will nicht mehr an die Zeit erinnert werden, als sie die Scheidung einreichte und auch durchzog – mit allen Kämpfen und Auseinandersetzungen. Aber das Grauen scheint sie immer wieder einzuholen. Wie oft hatte sie mit Stefanie gesprochen und ihr ihre Scheidungsgründe erklärt. Wie oft hatte Stefanie alles gutgeheißen, aufgeatmet, sich nur ein Zusammenleben mit der Mutter gewünscht. Sie konnten so offen miteinander umgehen, einander alles anvertrauen, sich gegenseitig unterstützen.

Und nun dies! Hatten sie denn nicht ihr Geheimnis gut für sich behalten? Die Gewalttätigkeit ihres Mannes reichte doch damals als Grund für die Scheidung. Er hatte sie geschlagen, und er schlug Stefanie, wenn ihm etwas nicht paßte. Nach außen war er so ein geordneter und verläßlicher Mensch, der dann zu Hause ausrastete, wenn die Dinge nicht an Ort und Stelle lagen.

Als sie heirateten, war Frau Hansen 22 Jahre. Sie empfand damals ihren um zehn Jahre älteren Kurt als einen väterlichen Partner, der immer wußte, wie alles geregelt wurde. Er hatte als Bankangestellter eine sichere Position, und sie liebte ihre Stelle im Altenheim. Sie war so unbekümmert, zumal sich Kurt verläßlich um die Finanzen, um alles Schriftliche kümmerte.

Als zwei Jahre nach der Hochzeit Stefanie geboren wurde, blieb sie zu Hause und genoß das Muttersein. Stefanie war zunächst ein ruhiges Kind, bekam aber im ersten Lebensjahr einen Keuchhusten, der nach dem notwendigen Klinikaufenthalt über lange Zeit die Nächte der Familie kostete. Stefanie hustete, erbrach und weinte viel. Beide Eltern wurden nervlich dünnhäutig. Kurt wurde aggressiv, schrie Frau und Kind an. Frau Hansen blieb schließlich mit Stefanie im elterlichen Schlafzimmer, während der Vater sich im Wohnzimmer auf der Couch einrichtete.

Die Unstimmigkeiten nahmen zu, er sah lange fern und trank zwei bis drei Flaschen Bier mit der Begründung, er müsse seine Nerven beruhigen, um am nächsten Tag wieder im Dienst voll da sein zu können.

Frau Hansen bemerkte im Laufe der Zeit, daß er sich immer mehr zurückzog und sie als Frau kaum mehr wahrnahm. »Ich habe keine Lust auf einen zweiten Balg!« war sein einziger Kommentar zu diesem Thema.

Ihr war es eigentlich ganz recht, daß er nicht mehr so häufig zu ihr kam, zumal sie seine Bierfahne abstoßend fand, es aber nicht fertigbrachte, dies ihm auch zu sagen – sie wollte keinen Streit provozieren. Er war so schnell gereizt, schrie dann wegen Kleinigkeiten und begann ihr nachzuräumen, die Telefonrechnung zu bemängeln, das Haushaltsgeld zu kontrollieren.

Als Stefanie mit vier Jahren einen Platz in der Tagesstätte bekam, ging Frau Hansen gegen den Willen ihres Mannes wieder arbeiten. Wenigstens finanziell wollte sie ein Stück weit unabhängig sein. Es gab noch Bevormundungen genug. Sie hoffte, durch den Kontakt zu anderen Menschen Kurts Verhalten wieder besser ertragen zu können.

Aber Frau Hansen wurde eher angespannter. Kurt half nicht im Haushalt mit, im Gegenteil, er pochte darauf, daß alles wie vor ihrer erneuten Berufstätigkeit funktionieren sollte. Wenn sie müde war und schlafen wollte, setzte er seine Wünsche durch.

Als sie in ihrer Verzweiflung von Vergewaltigung sprach, ohrfeigte er sie mit dem Hinweis, daß die Ehefrau dazu verpflichtet sei. Was sie nicht freiwillig wolle, hole er sich selbstverständlich. Sie wollte und konnte mit niemandem darüber sprechen. Aber sie war froh über alle Dienste am Abend und an den Wochenenden, froh um jede Fluchtmöglichkeit. Stefanie kam mit dem Vater gut zurecht, sie war ein anschmiegsames Kätzchen. Doch wenn er schrie oder sie ohrfeigte, verkroch sie sich in ihr Zimmer. Gerne lag sie am Wochenende beim Papa auf der Couch unter seiner Decke und schaute bereits am frühen Morgen die Trickfilme im Fernsehen an. Was unter dieser Decke geschah, war für Stefanie nur fühlbar. Frau Hansen war froh, ausschlafen zu können und ihre Ruhe zu haben.

Stefanie wurde eingeschult und war stolz auf ihr Lesen- und Schreibenlernen. Das Leben der Familie Hansen war nach außen hin geordnet. Nur hatten sich die Eheleute nicht mehr viel zu sagen. Herr Hansen war zufrieden, wenn alles nach seinen Vorstellungen ging, und Frau und Kind fügten sich. Freundinnen aus den Jugendtagen von Frau Hansen waren auf Distanz gegangen, weil Kurt keine »Fremden« im Hause wünschte. Er hatte nie einen wirklichen Freund. Die Einladungen zu Stefanies Geburtstagen gingen über die Bühne, wenn der Vater in der Bank war.

Frau Hansen erinnert sich noch gut, als Stefanie – sie muß wohl neun Jahre alt gewesen sein – plötzlich auf Abstand zum Vater ging. Sie wurde stiller, einsilbiger und entzog sich den Annäherungsversuchen ihres Vaters. Ihr Gesicht war so verschlossen, die Augen fragend, oft wandte sie die Blicke ab. »Ja nun«, dachte Frau Hansen, »sie wird flügge.«

Stefanie blieb häufig in ihrem Zimmer, kam auch am Wochenende morgens nicht mehr zum Fernsehen ins Wohnzimmer, was sie doch so gern mochte. Sie wünschte sich sehnlichst ein eigenes Fernsehgerät. Herr Hansen lehnte dies als völlig unnötig ab. Wenn Stefanie im Wohnzimmer nicht schauen wolle, brauche sie überhaupt nicht mehr schauen.

Und dann die bittere Erkenntnis, als Frau Hansen ausnahmsweise früher vom Spätdienst kam und Kurt ihr Kommen nicht gehört hatte. Sie hörte Stefanies verzweifelte Stimme: »Nein, nicht, hör auf. Du tust mir weh.« Die Tür zu ihrem Zimmer stand angelehnt, und Frau Hansen sah, was sie nicht sehen wollte. Selbst ihr entsetztes »Nein« klang eher wie ein Wimmern. Frau Hansen blieb die Luft weg, ihr war heiß und kalt zugleich, sie zitterte am ganzen Körper. Kurt stand vom Bett auf, zog die Schultern halb hilflos, halb abwehrend hoch und ging aus dem Zimmer, ohne sie eines Blickes zu würdigen. Wut, Verzweiflung, Hilflosigkeit und eine abgrundtiefe Empörung und Resignation ließen sie an der geschlossenen Tür verharren.

Stefanie hatte sich unter der Bettdecke verkrochen, ihr Schluchzen weckte Frau Hansen aus der Erstarrung. Ihre Hand suchte den Kopf des Kindes, sie fühlte sich mit Stefanie so schrecklich ausgeliefert, so unfähig, mit dem Ereignis umzugehen. In ihr rasendes Gedankenkarussell mischten sich Ekel und Abscheuempfindungen bis hin zu sie selbst erschreckenden Rache- und Gewaltphantasien. Zugleich empfand sie Schuldgefühle, versagt zu haben als Mutter, als Frau. Ihre Identität war mit einem Male brüchig geworden wie ein vermoderter Zaunpfahl.

Sie nahm Stefanie zu sich ins Schlafzimmer und verschloß die Tür. Die Worte, die sie für Stefanie fand, sprach sie wohl ebenso zu sich selbst: »Versuche zu schlafen, morgen, morgen reden wir, morgen wird alles anders.«

Ohne Worte verließ Kurt am darauffolgenden Morgen das Haus. Frau Hansen behielt Stefanie von der Schule zu Hause. Mühsam versuchte sie herauszufinden, was sie eigentlich gar nicht wissen wollte. Wie ein Blitz aus heiterem Himmel kam ihr jetzt die Erklärung für Stefanies gelegentliches Wundsein – und sie hatte immer an zu enge Hosen gedacht. Stefanie erzählte wenig, empfand aber trotzdem Entlastung und Erleichterung. Aus dem Gefängnis der Geheimhaltung herauszukommen, war für Stefanie und ihre Mutter der erste Schritt in eine neue Lebensperspektive.

Der Gedanke an Scheidung war für Frau Hansen nicht neu. Doch jetzt war es notwendig, sofort einen Anwalt anzurufen und noch für denselben Tag einen Termin zu vereinbaren. Sie packte Kurts Sachen und stellte die Koffer in den Flur. Als er vom Dienst kam, stellte sie ihn vor die Alternative: sofortiger Auszug und Scheidung nach Ablauf des Trennungsjahres oder Anzeige mit allen Konsequenzen.

Kurt verließ noch am Abend die gemeinsame Wohnung. Mutter und Tochter fanden Halt und Unterstützung bei ihren Eltern. Offiziell ging die Ehe wegen der Gewalt in der Familie auseinander, der sexuelle Mißbrauch blieb Geheimnis zwischen Mutter und Tochter.

Stefanie holte später in der Schule nach, was sie bedingt durch die aktuelle Situation nicht lernen konnte. Nach dem Trennungsjahr und der Scheidung kehrte zunächst Ruhe ein. Mutter und Tochter arrangierten sich mit ihrem neuen Leben.

Stefanie stellte zum Thema Sexualität kaum Fragen, und Frau Hansen fühlte sich überfordert, damit locker umzugehen. Zu sehr vermischten sich Gefühle von Scham und Abscheu, was zur innersten, intimsten Erfahrung ihres Menschseins gehörte. Sie empfand die Ambivalenz ihrer Worte, als sie einmal von ihrem Schwangerwerden mit Stefanie sprach und zugleich ein bestimmtes Bild – das Bild – vor Augen hatte, das sich ihr bis zum Lebensende in die Seele gebrannt hatte. Ihr Selbstwertgefühl war immer noch zutiefst verletzt.

Stefanie war sehr nachdenklich und schien nur stückchenweise zu begreifen, was sein kann, sein darf und was nicht. Häufig überkam sie ein drängendes Bedürfnis nach Sauberkeit, was die Mutter mit »Das artet ja in Waschzwang aus« kommentierte. Als Stefanie Markus näher kennenlernte, war sie zunächst aufgeregt und himmelhoch jauchzend, wie ein typischer Teenager. Doch mit seinen ersten sexuellen Wünschen an sie tauchten bald andere Gefühle auf. Stefanie wagte nicht, mit ihm zu reden. Sie hatte Angst, ihn zu verlieren.

Erst nach dem Suizidversuch sprach Stefanie von den Ängsten, von dem Ekelgefühl, von Schweißausbrüchen, vom Weglaufbedürfnis bei den körperlichen Annäherungsversuchen von Markus. Sie wollte Zärtlichkeit, kam aber in Panik, wenn Markus sie umarmen wollte. Sie wollte fühlen und empfand nichts. Ihr Körper kam ihr vor wie ein fremder Gegenstand, ihr Denken und Fühlen war wie gespalten. Wie sollte Stefanie ihr Verhalten Markus erklären, wo sie sich selbst nicht erklären konnte, was da ablief.

War sie überhaupt eine richtige Frau? Es war zum Verzweifeln. Sich wirklich spüren wollen und nicht spüren können, das glich einer Zerreißprobe. Der Kauf der Rasierklingen, der Versuch, sich damit zu verletzen, um der nicht begreifbaren innersten Verletzung zu begegnen, war im Rückblick ein Ausnahmezustand, für den es keine Worte gibt. Die Vorstellung, mit Tabletten zur Ruhe zu kommen, war verbunden mit einem unsagbaren Gefühl von Müdigkeit und Loslassenkönnen.

Stefanie gelingt es, in der Suizidnachsorge die Spurensuche zu sich selbst aufzunehmen. Schritt um Schritt erarbeitet sie sich ihre Identität. Sie lernt Karate mit Freude und Intensität, was ihr Selbstbewußtsein sichtlich stärkt. Mit Markus beginnt eine neue Zeit. Sie kann offen mit ihm über ihr Problem reden. Markus begreift und geht behutsam mit Stefanie um. Er hat Achtung und beachtet das Recht Stefanies auf sich selbst. Stefanie pflegt ihre Nagelhaut mit Sorgfalt und guter Creme und freut sich über ihre heilenden Finger.

Teil II

Aspekte und Hintergründe suizidalen Verhaltens

Das Wort Suizid ist abgeleitet vom lateinischen Verb sui cedere, was »sich töten« bedeutet. Nicht zuletzt deshalb ist die Übersetzung »Selbsttötung« wesentlich angebrachter, als moralisierend von Selbstmord beziehungsweise Selbstmordversuch zu sprechen. Diese Wortwahl stempelt eine Verzweiflungstat zum kriminellen Handeln.

Suizidales Verhalten ist Ausdruck einer schweren Krise. Und eine Krise bedeutet wiederum, ein Mensch befindet sich in einer Lage, in der er keine Mittel zur Bewältigung seiner Schwierigkeiten mehr sieht oder zur Verfügung hat. Fast jeder Erwachsene kommt irgendeinmal im Lauf seines Lebens in eine Situation, in der er den Überblick verliert und sich hoffnungslos ausgeliefert fühlt. Aus dem Blickwinkel eines Kindes erscheinen diese Ausweglosigkeit und das Ausgeliefertsein jedoch weitaus größer. Es erlebt seine Lebenssituation als unerträglich und will das Unerträgliche *so* nicht mehr länger ertragen. Es hat den Wunsch nach Veränderung. Gerade hier ist ein wichtiger Punkt zu beachten: Ein suizidaler junger Mensch will in der Regel nicht tot sein, er will eine andere Lebenssituation!

Wie kommt es dazu, daß Kinder beziehungsweise Jugendliche den tragischen Schritt tun und selbst Hand an sich legen? Alle haben ein Motiv, das heißt eine in der Regel schon länger bestehende Krisensituation, der gegenüber sie sich hilflos ausgeliefert fühlen. Auf einige Beispiele sind wir bereits bei unseren Fallgeschichten eingegangen. In Lebenslagen wie diesen braucht es manchmal nur noch einen kleinen Anlaß, der dann schließlich zum letzten auslösenden Faktor wird. Krisensituationen können Grund sein, zu fliehen, sich zu entziehen, andere beschämen zu wollen, zu ängstigen, die Erwachsenen oder sich selbst zu bestrafen, sich für Kränkungen zu rächen oder *endlich* Ruhe haben zu wollen.

Suizidtheorien

Wie das Wort schon sagt, sind Suizidtheorien nur Theorien und können einen Einzelfall nie exakt beschreiben. Trotzdem sollen hier kurz die wichtigsten Lehrmeinungen als Informationshintergrund vorgestellt und damit Zusammenhänge mit dem realen Leben gezogen werden. Diese Theorien können jedoch nur dazu dienen, das Unfaßbare ein wenig faßbarer zu machen.

Die soziologische Suizidtheorie

Als Klassiker der soziologischen Suizidtheorie gilt Émile Durkheims Werk *Le Suicide*, das bereits 1897 in Paris erschienen ist und nach wie vor volle Gültigkeit besitzt. Nach Durkheim ist – etwas verkürzt ausgedrückt – der Zustand der jeweiligen Gesellschaft für den Suizid eines Individuums verantwortlich. Geht man von dieser Hypothese aus und betrachtet damit die Zahlen des Statistischen Bundesamtes (1993 starben zum Beispiel 12.690 Menschen durch Suizid), so stellt dies unserer Gesellschaft kein gutes Zeugnis aus. Und tatsächlich kann man sich fragen, inwieweit unser Leistungsdenken, unsere Egomanie sich auch auf die Entwicklung unserer Kinder auswirkt.
Durkheim unterscheidet zwischen vier verschiedenen Suizidformen: dem egoistischen Suizid, der aus einem Mangel an Gemeinschaftsbewußtsein resultiert, dem altruistischen als dessen Gegenstück, dem anomischen Suizid, der durch einen Zustand der Normlosigkeit beziehungsweise Regellosigkeit des Handelns entstehen kann, und schließlich dem fatalistischen Suizid als Ausdruck der überstarken Reglementierung. Durkheim trennt hier zwei unterschiedliche Aspekte, den der Gemeinschaft und den der Normen. In der Praxis gehen diese Formen jedoch Hand in Hand.

Der egoistische Suizid

Nach Durkheim entsteht diese Suizidform aus einem Mangel an Gemeinschaftsbewußtsein. Der Grundkern seiner Überlegung ist die Tatsache, daß der Mensch ein soziales Wesen ist und einen Lebenssinn braucht. Dieser ist jedoch nur spürbar und erfüllbar durch die Zugehörigkeit zu der Gesellschaft beziehungsweise zu einer Gruppe. Wichtig ist dabei der Grad der inneren Verbundenheit mit dieser Gruppe. Je stärker wir uns mit ihr verbunden, zugehörig fühlen, desto besser kann diese Gruppe dazu beitragen, uns einen Lebenssinn zu geben und mit diesem Fundament persönliche Krisen zu überwinden. Was haben wir nun unseren Kindern fast 100 Jahre später zu bieten? Unsere gesellschaftlichen Strukturen verändern sich in vielfältiger Art und Weise. Die Scheidungsrate steigt ständig. Die Zahl der Stieffamilien mit all ihren Problematiken nimmt mehr und mehr zu. Fast jedes vierte Kind wird nicht in seiner Ursprungsfamilie groß oder lebt nur mit einem Elternteil zusammen. Die vaterlose Familie wird zur Normalfamilie. Viele Kinder wachsen als Einzelkinder auf und haben damit wenig Chancen, streiten und teilen zu lernen. In vielen Fällen bekommen sie dadurch nicht genügend Erfahrung, sich Konflikten innerhalb der Familie zu stellen, womit sie aber zur selben Zeit eine Möglichkeit verlieren, ein Gefühl von Gemeinschaft zu entwickeln. Zudem wird der Kontakt zu Verwandten mehr und mehr abgebaut. Die Vernetzung nimmt ab und damit auch die soziale Verantwortlichkeit. Fernsehprogramme, Videos, Gameboys und Computer werden zu den bevorzugten Ammen. Die Kindheit nimmt immer autistischere Züge an. Die Zugänglichkeit der Medien tut noch ein übriges, um Kinder von gemeinschaftlichen Unternehmungen abzuhalten.

Vielen Eltern fehlen positive Erziehungsziele. Wir müssen uns in unserer Zeit mehr denn je Gedanken darüber machen, was wir unseren Kindern mitgeben wollen. Gleichzeitig müssen wir uns selbst fragen: Was leben wir unseren Kindern vor? Dies soll keine fundamentale Gesellschaftskritik sein. Viele Veränderungen sind nicht aufzuhalten oder haben durchaus positive Aspekte. Trotz allem soll auf die Auswirkung der Vereinzelung des Menschen hingewiesen werden, denn diese wirkt sich zum Teil gravierend auf Kinder und Jugendliche aus. Mehr denn je verändert sich unsere Gesellschaft von einer Gemeinschaft zu einem Nebeneinander von Masseneremiten, und diese fühlen sich in der Konsequenz häufig allein- und im Stich gelassen – wie beispielsweise Johanna.

Viele Jugendliche suchen Halt in einer Gemeinschaft durch den Anschluß an Gruppen mit strikten Regeln und Normen. Dort wird die Suche nach Autoritäten erfüllt und eine Form von Gemeinschaftsgefühl vermittelt, die häufig gepaart ist mit Aggressionen nach außen, wie zum Beispiel bei Sekten und neofaschistischen Gruppen. Es handelt sich um Aggressionen, die nicht zuletzt durch das Alleingelassenwerden in unserer Gesellschaft, durch lange erlebte Beziehungslosigkeit innerhalb der Familie und eine damit verbundene Sinnlosigkeit entstanden sind. Denselben Ursprung können Autoaggressionen und damit suizidale Handlungen haben. Mit dem Mangel an Gemeinschaft wird ein Mangel an Lebenssinn erfahren. Viele Kinder und Jugendliche haben das Gefühl für Verbundenheit und ein gemeinsames Ziel verloren oder nie entwickelt. Und gerade in Krisensituationen kann vor allem das Eingebundensein in eine intakte Gemeinschaft, das heißt in erster Linie Familie, aber auch Freundeskreis, Schule oder Kirche, vor suizidalem Handeln schützen.

Der altruistische Suizid

Manche Familien bieten – im Gegensatz dazu – wiederum keinen oder nur wenig Freiraum, um ein eigenständiges Ich zu entwickeln. Entsprechend einem zu geringen Maß an Zugehörigkeit kann ein zu großer Druck auf das Individuum genauso schädlich sein und schließlich aus einer Einengung heraus zum Suizid führen.

Durkheim spricht hier von einer »verkümmerten Identität«, die dadurch entstehen kann, daß die jungen Menschen kaum eine Chance haben, sich als eigenständiges Individuum zu erleben. Dies kann vor allem in Familien geschehen, deren Mitglieder in einer starken Abhängigkeit zueinander leben, wenn alle nur für die Familie zu leben scheinen.

Ein junger Mann erzählte uns nach einem Suizidversuch, wie er als Kind unter dem versteckten Alkoholismus seines Vaters litt. Es handelte sich um eine angesehene Familie. Der Vater hatte eine gehobene Position, und niemand ahnte, was sich hinter den Mauern ihres Hauses jedes Wochenende ereignete. Während der Woche trank der Vater relativ wenig, doch sobald es Freitag wurde, begann die Tortur. In angetrunkenem Zustand kam es fast regelmäßig zu einer handgreiflichen Auseinandersetzung zwischen den Eltern, in die auch die Kinder immer mehr mit einbezogen wurden. Der kleine Junge lernte schon früh, daß es sich hier um ein Familiengeheimnis handelte, das niemals nach außen dringen durfte. Die Ehre der Familie galt als das Wichtigste, was es aufrechtzuerhalten galt und niemals angekratzt werden durfte. Die Arbeitsstelle des Vaters stand immer auf dem Spiel. Wenn der Junge jemals etwas verraten würde, müßte die Familie und so auch er verhungern.

Hier kamen zwei Aspekte zusammen: Einerseits wurde dem Jungen seine eigene Wertlosigkeit durch die regelmäßigen Schläge bewußt, andererseits durfte er das Familiengeheimnis nicht lüften und sich von außen Hilfe holen. Mit diesem Hintergrund konnte er nie ein eigenes Ich entwickeln, und dies war auch nicht gewünscht. Er war Teil einer engen Symbiose. Wie alle anderen Familienangehörigen durfte er dieses Tabu nicht verletzen. Die Ehre der Familie mußte auf alle Fälle gewahrt bleiben. Eines Tages wurde der Junge durch eine Verwechslung eines Diebstahls bezichtigt. Die Familie stand durch diesen Vorfall plötzlich im Rampenlicht der Öffentlichkeit. Genau das, was immer bewußt vermieden wurde, setzte nun durch »sein Verschulden« ein, und er bekam dies von allen Familienmitgliedern deutlich zu spüren. Sein innerer Druck nahm schließlich so zu, daß er als einzigen Ausweg nur noch einen Suizidversuch sah.

Der anomische Suizid

Jeder Mensch ist ein soziales Wesen, und damit ist eine Gemeinschaft für uns (über-)lebensnotwendig. Durch den Austausch mit anderen Menschen können wir einerseits wachsen, andererseits unsere Grenzen erkennen. Wie viele leidgeplagte Eltern wissen, suchen sich Kinder und Jugendliche tagtäglich diese Grenzen.

Durkheim baut seine Theorie über den anomischen, den durch Regellosigkeit hervorgerufenen Suizid anhand unserer Bedürfnis- und Triebstruktur auf. Jeder Mensch kommt mit einem Bündel an Bedürfnissen zur Welt. Nach Befriedigung unserer biologisch-physiologischen Bedürfnisse wie Essen, Trinken, Schlafen und dem Verlangen nach Sicherheit, Geborgenheit und Liebe richten wir unser Streben auf Bereiche wie Geltung, Macht und Selbstverwirklichung. Diese letztgenannten Bedürfnisse sind jedoch unbegrenzt beziehungsweise brauchen einen klaren Rahmen, um zu einer wirklichen Befriedigung zu kommen. Auch hier wird wieder die bereits oben angesprochene Bedeutung von Grenzen im Sinne von Halt und Sicherheit in unserer Gesellschaft deutlich.

Kinder oder Jugendliche sind zunächst nicht in der Lage, sich selbst Grenzen zu setzen. Die Grenzen müssen von außen kommen in Form von verbindlichen Normen. Grenzen zu erhalten, hat eine vielfältige Bedeutung. Der Philosoph Martin Buber spricht davon, wie wichtig es ist, am Du zum Ich zu werden, durch den Austausch zu wachsen. Durch die Anerkennung des Du kann mein Ich gedeihen.

Wer mit Kindern und Jugendlichen arbeitet, wird immer wieder feststellen, wie groß das Bedürfnis und die Suche nach Grenzen ist. Vor allem Kinder, deren Grenzen durch die Erwachsenen überschritten wurden – beispielsweise durch Gewalterfahrungen oder sexuellen Mißbrauch –, zeigen die Auswirkungen deutlich im Alltagsleben. Durch permanentes, häufig provoziertes Wiederholen ihrer Erfahrungen versuchen sie ständig an ihre Grenze zu gehen, die manchmal, vor allem bei Autoaggressionen, erst kurz vor dem Sterben – als letzte Grenzerfahrung – erlebt wird. Die Problematik von sexuellen Gewalterfahrungen soll an anderer Stelle noch ausführlicher dargestellt werden.

Eine Möglichkeit, Grenzen zu finden, ist der Anschluß an eine Gruppe, die starke Grenzen, Werte und Normen vermittelt. Beispiele solcher Gruppen sind die bereits erwähnten neofaschistischen Organisationen oder Jugendsekten jeglicher Art.

Der fatalistische Suizid

Diese vierte Suizidart ist als Gegenstück zum anomischen Suizid zu verstehen. Durkheim selbst sprach dieser Form wenig Bedeutung zu. Der fatalistische Suizid ist die Folge einer überstarken Regulierung und Disziplinierung der Gesellschaft. Die Suizidanten sind einem überstarken Druck in materieller und/oder moralischer Hinsicht ausgesetzt, wie es beispielsweise zu Zeiten der Sklaverei der Fall war.

Wenn es, übertragen auf die heutige Familiensituation, nur noch selten zu dieser Problematik kommt, so ist sie dennoch nicht ganz abwegig. In vereinzelten Fällen gibt es nach wie vor stark kontrollierende und sehr auf eine einschränkende Moral achtende Familien. Hierzu ein Beispiel:

Eine Jugendliche, die versucht hatte, sich zu vergiften, konnte nach der gelungenen Reanimation im Krankenhaus ein wenig ihr Herz ausschütten. Das Mädchen war Einzelkind. Sie stammte aus einem sehr strengen Elternhaus. Neben ihren Eltern lebten noch zwei Tanten mit in der Gemeinschaft, die sich gemeinsam mir ihrer Mutter um ihre Erziehung kümmerten. Von frühester Kindheit an lernte das Mädchen »anständige Manieren«. Sie war immer adrett gekleidet und durfte deshalb niemals wie andere Kinder im Sandkasten spielen. Das Essen mit unter den Armen eingeklemmten Büchern war mit der Zeit zur Gewohnheit geworden. Da sie ja unter der Obhut von vier Erwachsenen stand, wurde der Besuch eines Kindergartens als überflüssig erachtet. Ab und an wurden »passende« Kinder zum Spielen eingeladen. Die Eltern machten ihr immer wieder klar, daß sie wohl selbst kaum entscheiden könne, wer alles wirklich richtige Freunde wären. Klassenkameradinnen durfte sie erst nach genauer Auskunft über deren Elternhaus mit nach Hause bringen. Mit dieser ablehnenden Haltung der Umwelt gegenüber wurde sie im Lauf der Zeit mehr und mehr zur Außenseiterin.

Das Mädchen war völlig kontrolliert und vereinnahmt von ihrer Familie und konnte kaum Selbständigkeit erlangen. Sie hatte wenig Gelegenheit, zu erleben, was sie selbst eigentlich wollte, geschweige denn, ihren eigenen Wert zu erkennen. Sie verbrauchte all ihre Energie zum Einhalten der familieneigenen Regeln. Über viele Jahre versuchte sie vergeblich, sich zu wehren, und irgendwann gab sie auf. Als sie jedoch in die Pubertät kam, konnte sie diesem familiären Druck nicht mehr standhalten und versuchte schließlich, ihrem Leben ein Ende zu setzen.

Diese Extremform familiärer Kontrolle wird es heutzutage vermutlich nicht mehr allzu oft geben. Das Beispiel zeigt trotzdem anschaulich, daß auch die totale Regulierung schwerwiegende Folgen bei der Erziehung unserer Kinder haben kann.

Die Erziehung in unserer Gesellschaft ist schwieriger geworden. Auf der einen Seite hat sich die Menschheit wohl kaum jemals so viele Gedanken über Kindererziehung gemacht wie in diesem Jahrhundert. Auf der anderen Seite müssen wir uns eingestehen, daß wir trotzdem vieles übersehen. Wir vernachlässigen oder überbehüten unsere Kinder, und diese zeigen uns deutlich, daß es sich *so* nicht zu leben lohnt. Doch wir können ihnen Halt geben durch eine Gemeinschaft, durch gemeinsames Handeln und Zuwendung, auch in Form von angemessenen Grenzen. Mit diesem Postulat sind alle Erwachsenen und Berufsgruppen angesprochen, die mit Kindern und Jugendlichen leben und arbeiten. Unter diesem Aspekt hat Durkheim auch nach fast 100 Jahren kaum an Gültigkeit verloren beziehungsweise ist gültiger denn je.

Die Narzißmustheorie

Narziß ist ein in der griechischen Mythologie beschriebener schöner Jüngling, der sich in sein eigenes Spiegelbild verliebt. Diese Geschichte aufgreifend führte Sigmund Freud 1914 den Begriff der »narzißtischen Libido« (psychische Energie) ein, das heißt der libidinösen Besetzung des eigenen Ichs. Als Ausgangspunkt wird ein »Ur- oder Primärzustand« angesehen, den jeder Mensch intra-uterin, also bereits vor der Geburt und in der frühen Säuglingszeit erlebt. Dies kann in der infantilen Entwicklung immer beobachtet werden und stellt ein Vorstadium zur Objektlibido dar. Dies bedeutet, das Kind erlebt erst sich selbst, bevor es die Umwelt, abgegrenzt von sich, wahrnimmt.
Der in der Regel spannungsfreie Zustand der Säuglingsphase wird im Laufe der Zeit mit zunehmender Wahrnehmungsfähigkeit ins Wanken gebracht. Nach Heinz Henseler, einem Neo-Psychoanalytiker, machen Kinder durch Unlusterlebnisse die ersten Erfahrungen des eigenen Ichs. Diese Differenzierung

zwischen der »Selbstrepräsentanz« (Was macht mich aus?) und der »Objektrepräsentanz« (Was ist die Umwelt?) stellt einen starken Anreiz für die Ich-Entwicklung des Kindes dar. Ein Erwachsenwerden ohne Unlusterlebnisse in irgendeiner Form ist undenkbar. Ein Kind verfügt jedoch noch nicht über Methoden, sich negativen Erlebnissen zu entziehen. Kinder, die zu viele solcher Erfahrungen machen, die häufig geschimpft, geschlagen oder sogar mißbraucht werden, erleben dies als traumatisch.

Dies soll nicht bedeuten, daß Frustrationen nicht auch notwendig sind als eine wichtige Sozialisationsaufgabe. Aber in unserer Arbeit erleben wir oft, daß Kinder ungerechtfertigterweise gestraft werden. Sie versuchen sich zu verteidigen, finden aber niemanden, der ihnen glaubt. Es entstehen Gefühle von Hilflosigkeit und Ohnmacht und Gedanken wie »Ich bin nichts wert« und »Ich kann nichts«. Das Selbstwertgefühl sinkt auf ein Minimum. Das Ich als regulierende Instanz hat nun die Aufgabe, wieder ein gesundes inneres Gleichgewicht herzustellen. Deshalb sollten wir Erwachsenen darauf achten, daß wir unsere Prinzipien nicht um jeden Preis durchsetzen. Sonst besteht die Gefahr, daß die Kinder keinen Weg mehr aus ihrem Gefühl der Ohnmacht und Hilflosigkeit finden.

Beispielsweise kann die Wiederherstellung des inneren Gleichgewichts von uns unterstützt werden, wenn unsere Kinder erfahren, daß auch wir Erwachsenen Fehler machen, wir diese Irrtümer aber auch eingestehen und uns entschuldigen. Wir führen die Kinder damit einerseits aus der Hilflosigkeit heraus und zeigen ihnen andererseits, daß jeder Mensch Fehler macht, davon aber nicht die Welt untergeht. Auch wenn wir etwas falsch machen, bleiben wir trotzdem liebenswert. Diese Aussage ist für Kinder besonders bedeutsam, da sie Kritik und Tadel häufig auf ihre gesamte Persönlichkeit beziehen.

Nach heutiger psychoanalytischer Sicht sind suizidale Menschen in hohem Maße in ihrem Selbstwertgefühl gestört. Sie können auf nichts in sich selbst bauen und fühlen sich wegen der kleinsten Kränkung getroffen und am Boden zerstört. Ihnen fehlt das innere Fundament, das ihnen Sicherheit gibt. Aufgrund eines übersteigerten Harmoniebedürfnisses, das aus dem Mangel an Grundfestigkeit entstehen kann, werden alle Probleme und Konflikte als Katastrophen erlebt. Suizidale Menschen haben es nicht gelernt, adäquate Mittel zur Bewältigung zu entwickeln, und schwanken häufig zwischen Größenwahn und Minderwertigkeitsgefühlen, zwischen Macht- und Ohnmachtsgefühlen, wie der Psychoanalytiker Alfred Adler dieses Phänomen beschreibt. Die jungen Menschen sind leicht kränkbar und zeigen wenig Frustrationstoleranz. Ein totaler Rückzug oder der Wunsch, vollkommene Ruhe zu haben oder zu verschwinden, scheinen die einzig vorhandenen Lösungsmöglichkeiten zu sein. Suizidale Gedanken sind damit vorprogrammiert.

Ein gesundes Selbstwertgefühl als Zeichen von innerer Sicherheit und Wohlbehagen kann ein Kind nur entwickeln, wenn es eine hohe Sicherheit und Wertschätzung von seiten der Eltern erlebt und, darauf basierend, gleichzeitig auch lernen kann, mit Unlusterfahrungen umzugehen. Das bedeutet, daß Kinder eine Mischung aus Liebe und Zuwendung erleben, sich wertgeschätzt und in ihrer Person ernstgenommen fühlen müssen. Aber parallel dazu sollten sie auch die Möglichkeit haben, Konflikte durchzustehen beziehungsweise Konfliktstrategien zu entwickeln. Nur damit werden Streitereien mit Freunden oder schlechte Noten in der Schule weniger Anlaß für suizidale Gedanken sein.

Die Fragen »Was bin ich wert?«, »Was mögen meine Eltern an mir?«, »Kann man mich überhaupt mögen und warum?« gehören zu den zentralen Überlegungen bei der Findung des eigenen Selbstwerts. Umgekehrt sind Aussagen wie »Ich bin sowieso nur allen eine Last!« Zeichen eines Verlusts dieses Wertes.

Viele Kinder haben ihr Selbstwertgefühl früh verloren oder nur mangelhaft ausgebildet. Auch hier kommen wir wieder auf die Beispiele mit Gewalterfahrungen jeglicher Art. »Wie kann ich liebenswert sein, wenn ich doch geschlagen oder mißbraucht werde?«, »Was habe ich falsch gemacht?« oder »Bin ich schuld daran, daß meine Eltern sich haben scheiden lassen? Ich war doch damals nicht brav!« sind typische kindliche Fragen und Zweifel, die ihren Selbstwert erschüttern. Nur dadurch, daß wir uns für unsere Kinder Zeit nehmen, sie wahrnehmen und ihnen zuhören, können wir ihnen zeigen, daß wir sie ernst nehmen und was sie uns wert sind.

Lerntheoretisch-sozialpsychologische Erklärungsansätze

Lerntheoretiker gehen davon aus, daß unser gesamtes Verhalten ein erlerntes Verhalten ist. Es wird zwischen drei Formen des Lernens unterschieden: zwischen der klassischen Konditionierung, der instrumentellen Konditionierung und dem Modellernen. Die Lernpsychologen interessieren sich daher weniger für den vollzogenen Suizid an sich als vielmehr für die erlernten Strukturen, die zu suizidalem Verhalten führen. Jeder Mensch entwickelt im Laufe seines Lebens ein bestimmtes Verhaltensrepertoire. Ein Baby, das regelmäßig die Mutter beim Zubereiten der Nahrung beobachtet, wird bereits beim Gang in die Küche in freudige Erregung ausbrechen (klassische Konditionierung). Wenn es später die ersten Bauklötze aufeinanderstellt oder die ersten Zeichnungen anfertigt und dabei gelobt wird, ist die Wahrscheinlichkeit sehr groß, daß das Kind diese Handlungen wiederholt (instrumentelle Konditionierung). Doch nicht nur Belohnung, auch Bestrafung ist ein Aspekt des instrumentellen Konditionierens. Klassische und instrumentelle Konditionierung sind vor allem bei Vermeidungslernen häufig miteinander verschränkt. Wenn Kinder oder Jugendliche bereits die negative Erfahrung gemacht haben, daß bei schlechten

Zeugnissen massive Strafen drohen, und wenn sie bei erneuten schlechten Zensuren keine sinnvolle Konfliktstrategie entwikkeln konnten, kann eine suizidale Handlung eventuell als die einzig mögliche Lösung angesehen werden.

Über die Jahre hat ein Kind viel Zeit für Beobachtungen. Es wird beispielsweise sehen, wie die Eltern telefonieren, und es wird dies irgendwann ebenfalls ausprobieren wollen (Lernen am Modell). Aber genauso lernt es, wie die Eltern miteinander streiten und sich beschimpfen, das heißt ganz generell, wie die Eltern mit Konflikten umgehen. Die Theorie des Modellernens kann auch als hilfreicher Erklärungsansatz für die Tatsache dienen, daß man bei Betrachtung einer betroffenen Familie häufig weitere suizidale Verhaltensweisen innerhalb der Verwandtschaft findet.

Diese Modelle können auch außerhalb der Familie gefunden werden, beispielsweise bei den Idolen der jungen Menschen. Nach Suiziden von berühmten Stars kommt es manchmal bei Jugendlichen zu wahren Nachahmungswellen.

Lerntheoretisch gesehen kann es auch zu einer suizidalen Krise kommen, wenn Menschen mit Situationen konfrontiert werden, für die sie noch kein oder kein ausreichendes Verhaltensrepertoire erlernt haben. Derartige Krisen können eintreten bei Erlebnissen, die als zu schnell, zu schmerzhaft, zu selten oder als zu schwer zu bewältigen erlebt werden.

In seinem Sicherheitsbedürfnis ist der Mensch stets bestrebt, seine Umwelt zu kontrollieren. Ein Verlust an Einflußmöglichkeit wird als Hilflosigkeit erlebt, die je nach Schweregrad suizidales Verhalten auslösen kann. Manchen jungen Menschen fällt es schwer, bei schlechten Zensuren eine Lösung zu finden. Es kann sein, daß ihnen bestimmte Leistungen tatsächlich nicht möglich waren oder daß sie – aus welchen Gründen auch immer – unfähig waren, ausreichend zu lernen. Sie haben das Gefühl oder die Angst, den Einfluß auf ihre Schulnoten nicht wiederzuerlangen.

Manchmal jedoch steckt auch eine andere Motivation hinter einem Schulversagen. So erscheinen schlechte Zensuren für Kinder mitunter als einzige Möglichkeit, die Aufmerksamkeit der Eltern auf sich zu ziehen.

Der zwölfjährige Sascha kam aufgrund seiner Verhaltensauffälligkeiten in Therapie. Die Eltern gaben ihn ein Jahr zuvor in eine Wohngruppe. Seine beiden jüngeren Geschwister lebten weiterhin zu Hause und wurden als die leuchtenden Vorbilder dargestellt. Seine Versuche, sich zu Hause unauffällig zu verhalten und damit das Wohlwollen seiner Eltern zu erreichen, wurden wenig honoriert. Wie viele Kinder fand auch er unbewußt als einzige Möglichkeit, von seinen Eltern Aufmerksamkeit zu erhalten, das Schreiben von schlechten Noten. Erst durch das Aufzeigen dieses Systems konnte sich das Verhältnis zu den Eltern allmählich bessern und damit auch die Zensuren.

In extremen Fällen kann eine solche Situation ebenfalls der Auslöser für suizidales Verhalten sein. Wenn Kinder keine Möglichkeit mehr sehen, die Aufmerksamkeit der Eltern zu erlangen, greifen sie in ihrer Verzweiflung zu solch drastischen Mitteln. Für uns heißt dies in der Konsequenz, daß wir ausreichend Zeit für die jungen Menschen haben müssen. Nun werden einige Eltern vielleicht denken: »Wenn wir zu Hause sind, dann sind sie gerade weg.« Dies ist tatsächlich häufig der Fall. Aber es ist für Kinder und auch noch für Jugendliche dennoch wichtig, daß sie rein theoretisch immer nach Hause kommen können und wissen, daß die Mutter oder der Vater anwesend sein werden, daß sie mit ihnen sprechen können und wahrgenommen werden. Gerade das Wahrgenommenwerden ist für Kinder und Jugendliche ein starker Gradmesser für ihre Wertigkeit.

Ein Kind, das beispielsweise von Freunden in irgendeiner Form gequält wird, kann sich bei einem intakten, im Sinne von wahrnehmenden und zuhörenden Elternhaus wehren. Kinder, die von den Eltern häufig geprügelt oder in unterschiedlichen

Formen mißbraucht werden, fühlen sich ihrem Schicksal hoffnungslos ausgeliefert. Dieser Situation zu entrinnen, erscheint aus der kindlichen Perspektive völlig ausgeschlossen. Denn je enger die Beziehung zu dem Auslöser (Eltern, Freunde usw.) der schwierigen Situation ist, desto auswegloser stellt sich die Lage dar. Von diesen Aspekten ausgehend erscheint das Erklärungsmodell, daß eine Situation als zu schwer zu bewältigen angesehen wird und den jungen Menschen keine sinnvolle Konfliktstrategie zur Verfügung steht, für das Suizidverhalten von Kindern und Jugendlichen als äußerst plausibel.

Dies konnten auch mehrere Untersuchungen belegen, die zeigten, daß bei der Mehrzahl von Jugendlichen mit Suizidversuchen bereits vorher Verhaltensauffälligkeiten auftraten, die als nicht gelungene Versuche gewertet werden können, auf sich beziehungsweise die ungelösten Probleme aufmerksam zu machen. Der Wunsch nach einer Veränderung wurde also in den meisten Fällen bereits vorab ausgedrückt, sei es durch Auflehnung, Rückzug oder Weglaufen. Doch bei vielen jungen Menschen führten diese Signale nicht zu dem erhofften Erfolg und machten deshalb weitere, durchdringendere Schritte »notwendig«, um die Not zu wenden.

Der eklektizistische Ansatz

Wir haben eingangs bereits erwähnt, daß es sich in dem oben Aufgeführten nur um Modelle handeln kann, die niemals den Einzelfall vollends erklären oder diesem völlig gerecht werden können. Zudem kann im Prinzip jede Theorie, solange sie allein steht, als unzureichend widerlegt werden. Der Mensch ist ein viel zu komplexes Wesen, als daß er durch einen einzigen Ansatz erklärt werden könnte.

Uns erscheint es richtig, mehrere Aspekte der verschiedenen Erklärungsansätze nebeneinander – eklektizistisch – stehen zu lassen. Der soziologische Ansatz ist von größter Bedeutung, um in unserer Welt der Vereinzelung nicht die gesamtgesellschaftlichen Rahmenbedingungen zu vernachlässigen. Trotzdem ist er nicht ausreichend, um individuelle Konfliktsituationen befriedigend zu erklären.

Psychoanalytische Ansätze, von denen hier nur die Narzißmustheorie aufgegriffen wurde, können sehr vieles erklären, doch sind sie nicht operationalisierbar und bleiben dadurch spekulativ.

Lerntheoretiker stellen demgegenuber tiefer liegende, unbewußte Konflikte in Frage und sehen neurotische Verhaltensweisen als erlerntes Verhalten. Tatsächlich kann festgestellt werden, daß viele Kinder und Jugendliche durch ihre Eltern den (versuchten) Suizid als ein Mittel erlebt haben, Krisen zu beenden. Imitation scheint hier demnach eine sehr große Rolle zu spielen.

So viel die Lerntheoretiker auch erklären können, so lassen sie wiederum den anlagebedingten Ansatz völlig außer acht, auf den innerfamiliäre Häufigkeiten bei Suizid (wie bei Johanna) ebenso hindeuten könnten. Inwieweit Suizid auch eine erbliche Komponente hat, ist bis heute nicht ausreichend erforscht. Wissenschaftler beziehen sich bei ihren Untersuchungen in erster Linie auf die Zwillingsforschung, die jedoch noch keine eindeutigen Hinweise gibt.

Ein weiterer Forschungszweig beschäftigt sich mit dem Zusammenhang von biochemischen Störungen und Depressionen, die als wichtige Faktoren für suizidales Handeln gelten. Nach dem heutigen Forschungsstand läßt sich eine gewisse Verbindung aufgrund einer biochemischen Störung des Serotoninspiegels erkennen. Serotonin dient der neuralen Erregungsübertragung und ist nach dem derzeitigen Wissenstand für unsere Stimmung mitverantwortlich. Die meisten Studien dazu beziehen sich zwar in erster Linie auf Erwachsene, lassen aber genauso Rückschlüsse auf junge Menschen zu.

Präsuizidales Syndrom

Viele junge Menschen schreiben vor einem Suizidversuch einen Abschiedsbrief, und in manchen Fällen erscheint uns der angegebene Grund als wenig verständlich. Wie kann man sich wegen so einer Kleinigkeit das Leben nehmen wollen? Wir gehen davon aus, daß jeder Suizid eine Vorgeschichte hat. Der Streit mit der Freundin oder das Verbot des Vaters, nicht mehr in die Disco gehen zu dürfen, sind nicht der eigentliche Grund. Manchmal genügt ein kleiner Auslöser, der das Faß zum Überlaufen bringt. Diese Vorgeschichte wird in der Literatur nach dem bereits in der Einleitung genannten Erwin Ringel, einem Wiener Psychiater und Psychotherapeuten, als das »präsuizidale Syndrom« beschrieben.

Kann man erkennen, ob Kinder oder Jugendliche suizidal sind? Wir denken ja, aber wir müssen lernen, ohne Scheu und eigene Ängste hinzusehen und wahrzunehmen. Ringel spricht von drei Faktoren, die jedem suizidalen Verhalten vorausgehen: Er beschreibt drei verschiedene Arten von Einengung, die sich gegenseitig bedingen und eng zusammenhängen, die Aggressionsumkehr sowie die Suizidphantasien junger Menschen.

Einengung

Situative Einengung

Das erste Stadium einer problematischen Situation, der junge Menschen sich ausgesetzt fühlen, ist das situative Problem, das heißt, sie haben das Gefühl, einer Situation vollkommen ausgeliefert zu sein. Sie fühlen sich eingeengt, und mit dem Eindruck, sich in einer Sackgasse zu befinden, wächst für viele das Gefühl der Ohnmacht gegenüber der äußeren Bedrohung. Wie und wo kann sich bei Kindern solch eine situative Einengung zeigen?

In unserem ersten Beispiel versuchten wir darzustellen, wie sich die Familiensituation für ein Kind immer mehr einengen kann. Franziska war von Anfang an ungeliebt und hatte nirgendwo ein festes Zuhause. Selbst die zunächst klare Beziehung zu ihrer Großmutter wurde zunehmend belasteter.

Eine ganz andere Form von situativer Einengung wird in dem Film *Harold und Maude* dargestellt. Es ist die Geschichte eines schwer suizidalen Jungen, dessen Mutter unfähig ist, seine Situation wahrzunehmen. Harold ist in kurioser Weise in seiner Welt gefangen. Was er auch immer tut, er wird von seiner Mutter bevormundet und mit seinem unfähigen und verrückten Vater verglichen. Seine Situation engt sich schließlich noch stärker ein, als sie ihn verheiraten will. Selbst drastische Mittel bringen die Mutter kaum von ihrem Plan ab.

Die situative Einengung allein löst keinen Suizidversuch aus, denn der Selbsterhaltungstrieb des Menschen wird dadurch nur wenig angetastet. Erst durch die Wechselwirkung mit den im folgenden beschriebenen Dimensionen von Einengung kann suizidales Handeln zustande kommen.

An dieser Stelle wollen wir noch ein weiteres Problem und Beispiel situativer Einengung ansprechen, das sich den jungen Menschen unserer Zeit zunehmend stellt. Kinder und Jugendliche sind zum Teil wesentlich umweltbewußter geworden. Die Wahrnehmung der anwachsenden Umweltverschmutzung und entsprechende Warnungen, beispielsweise das Ozonloch betreffend, beeinflussen unsere Jugend ebenfalls. Ängste vor wesentlich schlechteren Lebensbedingungen in der Zukunft können gleichfalls zu einem resignativen Verhalten führen.

Dynamische Einengung

Das zweite Problem, das die situative Eineingung verstärkt, ist die spezifische Stimmung der jungen Menschen. Viele erleben ein Gefühl der Hoffnungslosigkeit und Verzweiflung. Sie sind depressiv oder resignativ (»Ich kann ja doch nichts ändern«). Diese Stimmungen können von Passivität bis hin zur Panikreaktion führen. Werden sie nicht erkannt und aufgefangen, bekommen sie eine machtvolle Eigendynamik und können schließlich einen Suizidversuch auslösen.

Harold aus obengenanntem Film experimentiert mit immer ausgefalleneren Mitteln, um die Aufmerksamkeit seiner Mutter zu erlangen, doch alles ohne Erfolg. Sie ist nur auf sich selbst fixiert. Harold fühlt sich weiterhin unverstanden und leer. Er findet keine Möglichkeit, von seiner Mutter ernstgenommen zu werden, und bleibt in seinem Gefühl der Hoffnungslosigkeit gefangen.

Mit solch einem depressiven Grundgefühl ziehen sich die Jugendlichen häufig von ihrem Freundeskreis zurück, hören zum Beispiel lieber in ihrem Zimmer Musik, als nach draußen zu gehen. Auch hier wird wieder der Teufelskreis sichtbar: In einer bedrückten Stimmung hören sich die jungen Menschen in der Regel solche Musik an oder lesen Texte, die diesen Gefühlen entsprechen. Dies wiederum verstärkt ihre Gemütsverfassung, und es wird Eltern und Erziehern nur mit viel Geduld möglich sein, sie da wieder herauszureißen. Dies kann beispielsweise durch das Anstoßen eigener kreativer Aktivitäten möglich sein. Denn Jugendliche beharren in ihrem starken Autonomiebedürfnis auf selbstgewählte Rückzugsräume.

Immer wieder weisen wir darauf hin, wie wichtig es ist, diese Gefühle der Kinder und Jugendlichen ernst zu nehmen. Mit Aufforderungen wie »Nun nimm dich doch mal zusammen«, »Laß dich nicht so gehen« oder »In deinem Alter mußte ich noch mit ganz anderen Problemen fertig werden« können wir sicher sein, daß die jungen Menschen sich unverstanden fühlen und wir sie auf der emotionalen Ebene verlieren.

Kinder ernst zu nehmen bedeutet auch, daß wir ihnen den Freiraum und die Akzeptanz geben müssen, ihre Gefühle auszuleben. Solange unsere Kinder »lieb« sind, sie sich freuen, lachen und fröhlich sind, haben wir keine Probleme, sie so anzunehmen, wie sie sind. Wir können beruhigt und stolz auf unseren Nachwuchs blicken.

Was ist aber mit all den anderen Gefühlen, die ebenfalls ein Teil unseres Lebens sind? Wie reagieren wir, wenn die Kinder Kritik anbringen wollen, ärgerlich, wütend oder verzweifelt sind? Häufig passen diese Emotionen nicht in unser Bild von dem Kind, wie wir es haben wollen. Oder wir haben (scheinbar) nicht genügend Zeit, um uns darum zu bemühen, diese Gefühle ernst zu nehmen und sie zu hinterfragen. Was steckt dahinter, wenn mein Kind sich zurückzieht und kaum etwas ißt? Was will es von mir, wenn es tobt und mich beschimpft? Was ist passiert, wenn es wütend auf andere ist und sie am liebsten auf den Mond schießen will?

Kinder müssen lernen können, daß alle Gefühle, die wir haben, zu uns gehören. Genauso, wie wir nett, zuvorkommend und hilfsbereit sein können, sind wir auch aggressiv, traurig oder verletzend. Wir können den Kindern vorleben, daß dies alles zum Leben gehört, und sie gleichzeitig lehren, mit diesen Gefühlen adäquat umzugehen. Zu diesen Fähigkeiten gehört auch zu lernen, die eigenen Gefühle zu akzeptieren und sie zu hinterfragen. Unsere Kinder sehen uns als Vorbilder, und wir sollten versuchen, als solche auch zu leben!

Wertmäßige Einengung

Die genannten Punkte führen direkt zum dritten Problem: der wertmäßigen Einengung. Um die Fähigkeit des Hinterfragens zu entwickeln, müssen Menschen das Bewußtsein haben, daß dies von Wert ist und damit auch, daß sie selbst von Wert sind.

Über den Verlust des Selbstwertgefühls haben wir bereits kurz gesprochen. Vor allem Schulkinder können in den Teufelskreis des Nicht-mehr-an-sich-Glaubens kommen. Starke Probleme der beziehungsweise mit den Eltern können zu Schulschwierigkeiten führen. Die ersten schlechten Noten werden geschrieben. Die Eltern schimpfen und reagieren mit weiterem Liebesentzug. In der Schule zeigen die Lehrer ihre Enttäuschung, und die Mitschüler fangen an zu hänseln. Viele junge Menschen beginnen in solchen Situationen an sich selbst zu zweifeln. Was kann ich überhaupt noch? Wer mag mich überhaupt? Was bin ich denn noch wert?

Kinder müssen an sich glauben können und spüren, daß sie geliebt und wertgeschätzt werden. Sie können in dem Geliebtwerden einen Sinn für ihre Existenz finden. Weil meine Eltern mich liebhaben, bin ich viel wert!

Manche Kinder haben das Gefühl, den Eltern im Weg zu stehen. Wenn sie nicht wären, würden sich die Eltern wieder besser verstehen. Ein junges Mädchen erzählte einmal während einer Therapiestunde, daß ihre Mutter während eines Wutausbruchs schrie: »Seit du auf der Welt bist, trinkt Papa wieder.« Dieses Mädchen bekam das Gefühl, allein durch seine Existenz große Schuld auf sich geladen zu haben. Sie bereite ihren Eltern nur ein Problem, sei nichts wert. Die enge Verknüpfung des Alkoholismus ihres Vaters mit der Tatsache ihrer Existenz konnte erst im Laufe mehrerer Sitzungen langsam gelöst werden.

Manche Kinder haben das Gefühl, daß sie nur eine Last sind; andere vermuten, daß ihre Eltern es gar nicht wahrnehmen würden, wenn sie nicht mehr lebten. Sie fühlen sich so einsam und wenig beachtet, daß sie testen wollen, ob überhaupt irgend jemandem ihre Abwesenheit auffällt.

In dem Film *Harold und Maude* testet Harold durchgehend, welche (Schein-)Suizidmethode seine Mutter nun endlich zu einer Reaktion veranlaßt. Doch all ihre Handlungen machen deutlich, daß nur ihr eigenes Leben im Zentrum ihres Interesses steht. Nichts scheint mehr von Wert, nichts macht mehr Sinn, bis er auf Maude trifft, eine fast 80jährige Frau. Sie geht mit ihm eine Beziehung ein und zeigt ihm endlich das Leben und all das, worum es sich zu kämpfen lohnt. Durch sie lernt Harold seinen eigenen Wert kennen, und er wird endlich lebendig.

Die Frage »Was bin ich wert?« gehört mit zu den wichtigsten Themen unseres Lebens. Wenn wir unseren Kindern von klein auf vermitteln können, daß sie uns wichtig sind, geben wir ihnen ein zentrales Grundfundament mit zur Bewältigung ihrer späteren Lebensprobleme.

Aggressionsumkehr

Wir haben bereits weiter oben die unterschiedlichen Gefühle eines jeden Menschen angesprochen. Ein wichtiges Gefühl im Zusammenhang mit suizidalem Verhalten ist die Aggression. Aggression wird mit gefühlsbedingtem Angriff übersetzt, ein Angriff, der sowohl auf andere Menschen, Institutionen oder Sachen, aber auch gegen das eigene Selbst gerichtet sein kann, wie dies beim suizidalen Menschen der Fall ist.

Es gibt unterschiedliche Theorien darüber, wie unsere Angriffslust zu erklären ist. Sigmund Freud spricht von einem Todestrieb, Konrad Lorenz erklärt die Aggression als Ausdruck eines auf den Artgenossen gerichteten Kampftriebs, wieder andere Forscher sehen in ihr eine Reaktion auf äußere Hindernisse und Bedrohungen.

Wenn wir versuchen, etwas zu erreichen oder zu bekommen, und es gelingt uns nicht, reagieren wir darauf frustriert. Wie schnell und wie tief wir enttäuscht sind, das heißt wie niedrig unsere Frustrationsschwelle ist, hängt von der Persönlichkeit jedes einzelnen und den bereits bestehenden Vorerfahrungen ab.

Ein Kind, das immer wieder versucht, die Aufmerksamkeit und Wertschätzung der Eltern zu erlangen und keinerlei Erfolg dabei hat, wird immer ruhiger, aber auch frustrierter werden. Vielleicht schlägt es anfangs noch um sich, zerstört das Spielzeug oder quält den Hasen, aber irgendwann kann der Punkt kommen, wo sich diese Aggression nach innen wendet und das Kind sich selbst verletzt.

Aggression und Auto- beziehungsweise Selbstaggression ist häufig bei sexuellem Mißbrauch zu finden. In vielen Fällen bekommen Mädchen, die von ihrem Vater oder sonstigen nahen Verwandten sexuell mißbraucht werden, keinerlei Hilfe von außen. Niemand will wahrnehmen, was geschieht. So entsteht für die Kinder oder Jugendlichen eine situative Einengung, der sie ohnmächtig gegenüberstehen. Sie werden in vielfältiger Weise verletzt, fühlen sich der Situation hilflos ausgeliefert und gleichzeitig beschämt, da sie ja »mitgemacht« haben.

Die dynamische Einengung tritt daraufhin ein, das heißt, bestimmte Gefühle und Stimmungen werden übermächtig. Die durch diese Bedrohung entstehende Angriffslust nach außen wird einerseits gehemmt, da es keine Unterstützung gibt, und andererseits ist die Angst der Mädchen vor angedrohten Strafen und Ereignissen oft sehr groß. Die Mädchen können sich nicht wehren, fühlen sich frustriert und ausgenutzt, haben ihren Selbstwert verloren und unterliegen damit der wertmäßigen Einengung. Autoaggressionen sind dann häufig ihre einzige Möglichkeit, um sich überhaupt noch zu spüren.

In *Harold und Maude* wird die Aggressionsumkehr sehr deutlich dargestellt. Die Mutter will ihren Sohn Harold verheiraten und hat dazu den Fragebogen eines Vermittlungsinstituts bestellt. Harold sitzt in einem Sessel, während die Mutter den Fragebogen ausfüllt. Sie verliert dabei zunehmend die Perspektive, läßt Harold völlig außer acht und gibt ihre eigene Einstellung und Beschreibung an. Während die Mutter ihn wieder einmal entwertet, zückt Harold eine Pistole, die er erst auf die Mutter, schließlich aber auf sich selbst richtet. Erneut nimmt die Mutter das ganze Geschehen nicht wahr.

In solcher Hoffnungslosigkeit liegt es sehr nahe, die Aggression, die nicht nach außen gerichtet werden kann, gegen sich selbst zu kehren. Es erscheint leichter, sich selbst zu verletzen, als noch einmal Schuld auf sich zu laden und die scheinbar übermächtige Welt zu bestrafen.

Viele mißbrauchte Kinder und Jugendliche greifen nach dem Messer und ritzen sich auf oder drücken Zigaretten auf ihrer Haut aus. Die Autoaggression dient als Ventil. Der Alkohol- und Drogenkonsum vieler Jugendlicher kann ebenfalls als Autoaggression sowie als Flucht gewertet werden. Die meisten wollen nicht sterben, aber *so* nicht mehr leben!

Suizidphantasien

Phantasien über eine andere Lebensform oder Situation kennt vermutlich jeder Mensch. »Ach, wäre es schön, wenn ...!« Auch Suizidgedanken sind den meisten Menschen vertraut. Bei Menschen, die nicht gefährdet sind, können diese Gedanken in ihrer Phantasie bleiben. In manchen Fällen bedeuten allein diese Pläne und die phantasierte Möglichkeit des Tuns eine Lösung im Sinne einer Beruhigung, die wieder Kraft gibt. Nach Erwin Ringel ist dies die erste, aber für jeden Menschen normale Stufe von drei verschiedenen Stadien der Suizidphantasien.

Dieses Hineinphantasieren in andere Zustände oder Welten wird zunehmend stärker, je unglücklicher die jungen Menschen werden, je größer die dynamische Einengung wird. Die meisten wollen nicht tot sein, sondern nur der Hölle, in der sie leben, entkommen.

Auch der Filmheld Harold gibt sich diesen Phantasien hin, indem er *leiden*schaftlich gern auf Friedhöfe geht und an Beerdigungen teilnimmt. Seine gedankliche Auseinandersetzung mit dem Tod gipfelt schließlich darin, daß er sich einen Leichenwagen kauft.

Mit den Gedanken an das Anderssein, Totsein – als zweite Stufe –, können nun Phantasien zu einem konkreten Tun beginnen, der Vorstellung, Hand an sich zu legen. Die zunächst noch vagen Gedanken können sich schließlich als dritte Stufe zu ernsthaften Plänen entwickeln, die in allen Einzelheiten ausgemalt werden. Der Schritt zur realen Handlung ist dann nicht mehr weit.

Alarmzeichen

Bevor Kinder oder Jugendliche einen Suizidversuch begehen, senden sie in der Regel viele Alarmzeichen aus. Die Zeichen können vielerlei Ausprägungen haben und werden aufgrund einer scheinbaren Geringfügigkeit häufig nicht erkannt. Wir wollen im folgenden einige Beispiele für Alarmzeichen geben, die nicht immer in der Konsequenz heißen müssen: Mein Kind will nicht mehr leben! Zum einen betonen wir immer wieder, daß in den seltensten Fällen ein junger Mensch tatsächlich nicht mehr leben will. Er oder sie will *so* nicht mehr leben. Zum anderen kann nicht nur *ein* Symptom gesehen und daraus auf das generelle Verhalten geschlossen werden. Jedoch sollte jedes einzelne dieser aufgeführten Zeichen als Alarmzeichen gewertet werden in dem Sinne, daß es wichtig ist, mit den Kindern oder Jugendlichen zu sprechen. Sie sind in irgendeiner Notsituation, und es wird notwendig, die Not zu wenden!

Auf einen kurzen Nenner gebracht können wir sagen, daß *jeder* Veränderung des Verhaltens oder der Befindlichkeit der jungen Menschen Beachtung geschenkt werden muß. Die folgenden Aspekte sind alle sehr ernst zu nehmen, und es liegt an uns, gegebenenfalls eine Verbesserung der Lebenssituation der jungen Menschen herbeizuführen.

Auffälliges Verhalten

Auffälliges Verhalten unserer Kinder und Jugendlichen scheint uns zunächst am leichtesten zu erkennen. Verhalten ist sichtbar, und damit scheinbar klar und deutlich. Und doch nehmen wir viele dieser Verhaltensweisen kaum wahr. Manche Dinge sehen wir, aber sie erregen unseren Ärger oder sind uns lästig, und die meisten begreifen wir nicht als Notsituationen unserer Kinder.

Weglaufen

Weglaufen gehört zu den offensichtlichsten Reaktionsweisen, aber auch zu denen, denen relativ wenig Beachtung geschenkt wird. Wer von den Erwachsenen hat nicht schon selbst als Kind daran gedacht, von zu Hause wegzulaufen? Der Gedanke oder auch die Handlung ist vielen vertraut. Es gibt aber unterschiedliche Formen des Weglaufens. Manche Kinder reißen von zu Hause aus und hinterlassen eventuell einen Abschiedsbrief. Häufig ist dies eine einmalige Aktion. Je nach Länge des Wegbleibens oder der Schwierigkeit des Wiederfindens wird die Polizei eingeschaltet, werden Freunde und Nachbarn informiert. Wenn die Kinder schließlich wieder aufgefunden werden beziehungsweise selbständig zurückkehren, werden sie mit gemischten Gefühlen von seiten der Eltern begrüßt. Einerseits sind sie äußerst erleichtert, daß der Sprößling wieder da ist, andererseits sind die meisten Erwachsenen aber auch wütend und verärgert auf den Nachwuchs. Was hat er oder sie für Kummer und Sorgen bereitet! Wie stehen sie nun vor den Nachbarn und Freunden da!

Erleichterung, Wut und Scham sind die ersten spürbaren Gefühle nach der Anspannung des Suchens und der Ungewißheit. In dieser Situation werden die jungen Menschen meistens nach den Gründen des Verschwindens gefragt, und vielleicht trauen sie sich ehrlich darauf zu antworten, so daß die Situation mit Hilfe der Eltern oder sonstiger Bezugspersonen aufgelöst werden kann. Aber viele junge Menschen halten sich bei ihren Erklärungen und Begründungen etwas zurück, aus Angst, noch mehr Aggressionen bei den Eltern heraufzubeschwören. Vielleicht wird daraufhin noch ein Vorschlag zur Veränderung der einen oder anderen Situation gemacht, vielleicht werden die Kinder oder Jugendlichen aber auch nur bestraft – ohne weitere Konsequenzen für alle Seiten. Dies kann letztlich zur Verhärtung der Gesamtsituation führen.

Wirkliche Probleme entstehen dann, wenn das Leben der Erwachsenen und der jungen Menschen anschließend weiterläuft wie bisher und keine für alle zufriedenstellende Lösung gefunden wird. Vielleicht gibt es sogar im Zuge der ersten Gefühle gute Vorsätze, doch halten diese meist nicht lange an.

Unter diesen Umständen sehen einige Kinder und Jugendliche häufig keine andere Möglichkeit des Hilferufs, als tatsächlich suizidale Handlungen auszuführen.

Schuleschwänzen

Als eine etwas abgemilderte Form des Weglaufens erscheint das Schuleschwänzen. Dabei kann es sich auch nur um das Fehlen der Hausaufgaben oder eine mangelhafte Vorbereitung für eine Prüfung handeln. Auffällig wird das Kind oder der Jugendliche durch eine häufige Wiederholung seines Verhaltens. Die Gründe dafür sind je nach Alter in unterschiedlichen Ursachen zu suchen.

Das Verhalten kann allein schulisch bedingt sein. Manche Kinder sind durch die schulischen Ansprüche schlichtweg überfordert. Sie können unter Leistungsschwächen leiden, die von außen viel zuwenig wahrgenommen werden. Andere haben Schwierigkeiten mit Klassenkameraden oder auch Lehrern, isolieren sich oder haben Angst vor den Aggressionen der Mitschüler.

Das Schuleschwänzen kann aber ebenso durch eine schwierige häusliche Situation begründet sein. Manche Kinder fühlen sich dadurch so belastet, daß sie auch dem schulischen Druck nicht standhalten können. Vor allem für Jugendliche erscheint in manchen Situationen alles sinnlos und damit auch die Schule. Konzentrationsstörungen treten dann vermehrt auf.

Besonders kraß kann sich die morgendliche Schulsituation für mißbrauchte Kinder darstellen. Manche haben kaum geschlafen, sei es durch tatsächlich stattgefundenen Mißbrauch während der Nacht, sei es aus Sorge, dies könnte passieren. Andere schwänzen nur den Sportunterricht, aus Scham und Angst davor, daß beim Umkleiden ihre blauen Flecken am Körper entdeckt werden könnten.

Manche Kinder leiden aber auch unter den hohen Erwartungen der Eltern und haben das Gefühl, den Ansprüchen nicht gerecht werden zu können. Wenn sie sowieso versagen, dann macht es erst recht keinen Sinn für sie, in die Schule zu gehen. Die schlechten Noten können dann zudem auf die Nichtanwesenheit geschoben werden und sind damit den persönlichen Fähigkeiten enthoben. In einem späteren Kapitel werden wir noch genauer auf die schulische Situation eingehen.

Eltern, die tatsächlich sehr hohe Ansprüche an ihre Kinder stellen, können durch ihren Nachwuchs enorm getroffen werden, wenn die Sprößlinge nicht zur Schule gehen und damit zu »Versagern« werden. Viele junge Menschen können dem Leistungsdruck ihrer Eltern nicht standhalten und flüchten sich in Verweigerung. Auf diese Weise erleichtern sie scheinbar ihr Leben und kränken ihre Eltern.

Diese »Rache« läuft in der Regel nicht bewußt ab. Die Kinder und Jugendlichen empfinden sich häufig als in einer hoffnungslosen Situation gefangen, der sie nicht entkommen können. Lernen sie, so stehen sie unter einem enormen Druck mit dem Gefühl, so erfolgreich wie ihre Eltern sowieso nicht werden zu können. Verweigern sie sich, so schaden sie nicht nur sich selbst, sondern auch ihren Eltern. Sie werden nicht zu den vorzeigbaren Kindern, die manche Eltern gerne hätten, und kränken damit den elterlichen Narzißmus.

Was die jungen Menschen auch in diesem Fall letzten Endes wollen, ist Aufmerksamkeit. Sie wollen angenommen und geliebt werden, auch wenn sie keine so großartigen Schüler sind. Sie wollen von den Eltern in ihrer Persönlichkeit ernstgenommen und nicht durch ihre Leistungen bemessen werden.

Auf Trebe gehen

Wesentlich schwieriger liegt der Fall, wenn Kinder anfangen, auf Trebe zu gehen, daß heißt nächtens herumzustreunen. Hier kann mit relativer Sicherheit gesagt werden, daß eine relevante familiäre Störung vorliegt. Wenn Jugendliche Nacht für Nacht verschwinden und durch Kneipen ziehen, ist dies ein äußerst deutliches Alarmzeichen. Sie wollen nichts mehr mit ihrem Zuhause zu tun haben und sich nichts mehr sagen lassen. Diese Form der Rebellion zeigt auf gut verständliche Weise ihre Heimatlosigkeit:»Ich gehöre nirgendwohin, niemand nimmt mich ernst. Ich streune herum und suche.« Gerade in diesen Fällen wird der Mangel an Geborgenheit sichtbar, der vielen Kindern und Jugendlichen widerfährt.

Vor allem wenn Kinder mißbraucht werden und sie keinerlei Hilfe von außen erhalten, kommt es zu derartigen Reaktionen. Ihnen fehlt der Schutz durch die vertrauten Erwachsenen, und sie sind auf der Suche nach jemandem, der dieses Bedürfnis stillt. In ihrer Verzweiflung werfen sie sich im wahrsten Sinne des Wortes jedem an den Hals, der ihnen freundlich gesinnt erscheint. Sie suchen nach Wärme und Nähe und finden durch ihr gestörtes Urvertrauen keine Abgrenzungsmöglichkeit zu anderen. Diese Scheinbeziehungen sind fast immer zum Scheitern verurteilt, da eigentlich die Geborgenheit der Eltern gesucht wird. Nicht selten entsteht daraus ein Teufelskreis, der auch in der Prostitution enden kann.

Rückzug

Viele suizidale Kinder und Jugendliche leiden unter einem Mangel an Beziehungen. Dieser Mangel kann zunächst durch die Außenwelt entstanden sein, wird aber in manchen Fällen später selbst hergestellt beziehungsweise bedingt sich wechselseitig. Einerseits finden manche junge Menschen schwer Freunde und Spielkameraden, stehen allein im Pausenhof, und auch am

Nachmittag oder am Wochenende ruft niemand für sie an. Andererseits tragen diese Kinder und Jugendlichen ihrerseits häufig wenig bis nichts zu einem Kontakt zu anderen bei. Diese »selbstgewählte« Isolation auf längere Zeit ist immer ein Zeichen von Problemen irgendeiner Art. Beispiele für mögliche Gründe haben wir bereits angegeben. In solchen Situationen neigen vor allem Jugendliche dazu, sich bestimmte Musik immer und immer wieder anzuhören. Diese Musik oder auch die Texte haben einen hohen Stellenwert und bilden für sie eine Art Zufluchtsort zu bestimmten Erinnerungen und Gefühlen. In vielen Fällen ist dieses Verhalten gekoppelt mit Liebeskummer.

Dies kann auch hervorgerufen werden durch die Beschäftigung mit Literatur, die suizidales Verhalten zum Thema hat. Das berühmteste Beispiel ist wohl Goethes Briefroman *Die Leiden des jungen Werthers*, der eine wahre Suizidepidemie auslöste. Das Leid wird durch die Literatur oder auch durch entsprechende Musik vertieft, die Gefühle drehen sich im Kreis beziehungsweise verstärken sich, wie wir dies bereits anhand der dynamischen Einengung beschrieben haben.

Veränderung der Eßgewohnheiten

Gestörtes Eßverhalten kann ebenfalls ein wichtiges Indiz für den psychischen Zustand eines jungen Menschen sein. Eßstörungen aller Art treten erstmals bei Jugendlichen und jungen Erwachsenen auf und können sich sowohl in Eßsucht (Adipositas), Eßbrechsucht (Bulimie) wie auch in Magersucht (Anorexie) ausdrücken. Auch hier muß wieder auf den vielfach auftretenden Zusammenhang mit sexuellem Mißbrauch hingewiesen werden, und damit sprechen wir vor allem über Mädchen.

Gestörtes Eßverhalten zeigt sehr deutlich ein angespanntes Verhältnis zum eigenen Körper. Die natürliche Nahrungsaufnahme mit dem klaren Gefühl von Hunger und Sättigung ist nicht mehr vorhanden oder nur noch am Rande spürbar. Die Betroffenen nehmen stark zu beziehungsweise ab oder wechseln ständig in ihrer Kleidergröße. Dies ist die oberflächlich körperliche Komponente, die nach außen hin sichtbar wird. Aber vor allem auf der symbolischen Ebene zeigen uns Menschen mit Eßstörungen viel über ihren psychischen Zustand und ihr Verhältnis zu ihrem Körper. Wir versuchen dies erneut am Beispiel von sexuellen Mißbrauchserfahrungen zu verdeutlichen, wollen damit aber natürlich nicht behaupten, daß jeder Mensch mit Eßstörungen sexuell mißbraucht worden ist. Es gibt sicherlich mehr Hintergründe, die zu dieser Problematik führen können. Wir beziehen uns hier jedoch auf einen sehr häufig vorkommenden.

Wie wir an anderer Stelle noch genauer beschreiben werden, bringen Mißbrauchserfahrungen Gefühle wie Scham, Schuld und Ekel gegen den eigenen Körper mit sich. Mißbrauchte Menschen fühlen sich ausgenutzt, ohnmächtig und machtlos einem anderen ausgeliefert. Ihr Körper wurde von einem anderen benutzt und befleckt, zu einem Instrument gemacht. Somit wird die hohe Bedeutung des eigenen Körpergefühls im Zusammenhang mit Eßstörungen deutlich.

Eßsüchtige versuchen häufig, durch ihren dicker werdenden Körper sich »ein dickeres Fell« anwachsen zu lassen und sich damit mehr zu schützen. Dieses Fell soll signalisieren: »Seht her! Ich bin dick und damit für unsere Gesellschaftsnorm unerotisch!« Die Auswirkungen von Eßsucht bekommen damit eine doppelte Funktion, und das viele Essen soll zudem die innere Leere etwas füllen.

Adipositas muß sehr genau von dem häufig auftretenden Problem des Übergewichts unterschieden werden, das durch etwas zu deftiges Essen und wenig Bewegung entstehen kann. Wir sprechen hier von Eßsucht, das heißt dem suchthaften Auffüllen des eigenen Magens ohne Vorhandensein eines Hungergefühls, geschweige denn eines Genußempfindens.

Eßbrechsüchtige wiederum kämpfen um den Erhalt eines schlanken Körpers und damit eines Schönheitsideals, das ihnen tagtäglich von den Medien vorgegaukelt wird. Sie befinden sich jedoch in einem ähnlichen psychischen Zustand wie Eßsüchtige, das bedeutet, auch sie wollen das Gefühl der Leere verdrängen. Bulimie ist noch zusätzlich gekoppelt mit einer stark autoaggressiven Komponente, wie wir sie generell bei suizidalen Menschen finden. Eßbrechsüchtige versuchen die innere Leere aufzufüllen, zum Teil, bis der Bauch schmerzt; gleichzeitig bekommen sie Schuldgefühle und haben Sorge, daß sie zu dick werden. Zudem verachten sie sich selbst wegen ihrer Schwäche und erbrechen in autoaggressiver Weise das eben hinuntergeschlungene Essen.

Häufig geraten Menschen mit diesen Problemen in einen Teufelskreis: Sie essen sehr viel, zum Teil ganze Kühlschränke leer, um ein Gefühl von Sättigung zu bekommen, das sie allerdings im übertragenen Sinne wie Eßsüchtige nie bekommen können. Sie erbrechen, müssen dieses erneut auftretende Gefühl der Leere aber sofort wieder stopfen. Sehr stark bulimische Menschen wiederholen diesen Kreislauf bis zu 20mal am Tag. Bei Magersüchtigen wird dagegen dieser bereits oben angegebene Ohnmacht- beziehungsweise Machtaspekt wichtig. Das ursprüngliche Gefühl von Hilflosigkeit wird umgedreht und zu extremer Kontrolle umfunktioniert. Magersüchtige demonstrieren ihre Macht über ihren eigenen Körper stark nach außen. Sie zeigen deutlich: »Ich bin nicht so schwach wie ihr! Ich habe (endlich) Kontrolle über mich und meinen eigenen Körper.« Sie kochen und backen für andere, essen aber in der Regel selbst nichts davon. Anorektiker füttern ihre Umwelt in den meisten Fällen kräftig mit köstlichem Essen, beobachten aber mit Verachtung die von anderen gezeigte »Schwäche«. Damit leben sie ihren eigenen Trieb nach Nahrung indirekt aus und können ihrer Lieblingsbeschäftigung, nämlich der *Beschäftigung* mit Essen, nachgehen.

Gleichzeitig ringen sie darum, wieder etwas Achtung vor sich selbst zu bekommen.

Andererseits zeigen anorektische Menschen aufgrund ihres Äußeren wiederum sehr viel über ihre psychische Lage. Für viele steht hinter magersüchtigem Verhalten der häufig nicht explizit ausgesprochene Gedanke: »Wenn ich dünn bin, bin ich unattraktiv, jedoch schützenswert wie ein kleines Mädchen.« Tatsächlich verschwinden mit zunehmender Magersucht weiblich sexuelle Signale. Der ganze Körper wird wieder kleinkindlich und stellt seine Körperfunktionen wie beispielsweise die Menstruation wieder ein. Die Jugendlichen haben tatsächlich kein Gefühl für ihren Körper und leiden unter einer starken Wahrnehmungsstörung. Selbst bei starkem Untergewicht empfinden sie sich noch als zu dick. Sie verkümmern einerseits innerlich, andererseits sind sie in der Regel sehr ehrgeizige, intelligente und willensstarke Menschen. Doch gerade dies macht die therapeutische Intervention so schwierig, und damit ist die Magersucht das alarmierendste Zeichen von suizidalem Verhalten im Bereich der Eßstörungen.

Alkohol-, Drogen- und Medikamentenmißbrauch

Wir haben uns bereits mit einer Form von Süchten beschäftigt. Der übermäßige und suchtartige Gebrauch von Alkohol, Medikamenten und Drogen ist jedoch den meisten als Suchtform noch vertrauter.

Der Zusammenhang von Sucht und Suizid ist seit vielen Jahren bekannt und zeigt sich in einem fließenden Übergang. Der Alkohol- und Drogenmißbrauch wird allgemein als eine langsame Form von Suizid angesehen und gehört damit zu den sehr ausgeprägten Alarmzeichen. Zum einen können Menschen im Delirium einer Todesangst bereits sehr nahe kommen, zum anderen wirkt ein Rauschzustand häufig aggressionsfördernd. Diese Aggression kann sich nach außen gegen andere Menschen wenden, aber auch als Effekt einer Aggressionsumkehr nach innen gegen sich selbst gerichtet werden. Von den Jugendlichen wird der Alkohol- und Drogenkonsum manchmal bagatellisiert: Es seien doch nur ein paar Flaschen Bier, oder es sei doch nur Haschisch, alles doch ganz harmlos. Allerdings wird deren euphorisierende und enthemmende Wirkung häufig unterschätzt. Konflikte, Hemmungen, Ängste und Nöte treten in den Hintergrund. Bei kontaktarmen Jugendlichen wirkt diese Stimmung kommunikationsfördernd. Die oft angesprochene Selbstwerteinschätzung wird erhöht.

Aus demselben Grunde, aus dem Eßstörungen entstehen können, also aus Mangel an Geborgenheit und Gemeinschaftsgefühl, neigen viele Jugendliche zum Alkohol- und Drogenkonsum. Die eigentliche Zuwendung können sie nicht erhalten, und sie versuchen ihre scheinbar ausweglose Situation durch Betäubung in irgendeiner Form zu verdrängen. Das ist aber eine Flucht vor der Wirklichkeit. Wir haben immer wieder den Zusammenhang zwischen sexuellem Mißbrauch und Suizidalität hervorgehoben. In vielen Fällen liegt die Ursache hierfür in dem damit häufig verbundenen Gefühl der Wertlosigkeit und den damit gekoppelten Versagensängsten.

Deshalb ist es beispielsweise gut, wenn man weiß, in welchen Discos die Jugendlichen verkehren. Denn gerade die neuen synthetischen Drogen sind für Jugendliche vor allem in »Techno-Discos« leicht zu erreichen. Ecstasy und Ticket zum Beispiel sind erschwinglich und geben schnell ein Gefühl von Leichtigkeit und Alles-vergessen-Können. Nur das Hier und Jetzt zählt und das Gefühl, sich selbst wesentlich besser wahrnehmen und spüren zu können.

Vor allem Ecstacy wird als Leistungs- beziehungsweise Fitmacherdroge gewertet. Die Jugendlichen werden kontaktfreudiger und euphorischer und fühlen sich insgesamt wesentlich selbstsicherer. Daß diese Drogen bis heute noch viel zuwenig erforscht und Langzeitwirkungen unbekannt sind, kümmert die wenigsten

Jugendlichen. Hauptsache, sie können sich betäuben beziehungsweise sich besser fühlen. Doch durch die Einnahme von Ecstasy steigt auf jeden Fall die Selbstüberschätzung und damit auch die Unfall- und Suizidgefahr.

Von den akuten Auswirkungen und Gefahren abgesehen können wir diese Form von Betäubung generell nicht nur als »harmlos« ansehen. Wir müssen uns und damit auch die Jugendlichen fragen, was hinter dem gesamten Phänomen steckt. Warum wollen sich die Jugendlichen betäuben und sich dieser Welt entziehen? Bei psychologischen Untersuchungen ergibt sich im klinischen Bild von Suchtkranken ein Zustand von Affektlabilität, Unzufriedenheit und Ängstlichkeit. Diese Stimmungen zeigen sich bereits in den Anfängen und dürfen deshalb keinesfalls übersehen werden.

Der Nachahmungsdruck durch Freunde, das pubertätsbedingte Imponiergehabe der Jugendlichen und der Anpassungszwang bei manchen Berufsgruppen mit hoher Alkoholaffinität sind nicht außer acht zu lassen. Doch wir müssen uns auch unserer Vorbildfunktion bewußt sein. Was leben wir unseren Jugendlichen vor? Wie ist unser eigener Umgang mit Suchtmitteln?

Verwahrlosungstendenzen

Es gehörte noch nie zu den hervorstechenden Merkmalen von Kindern und Jugendlichen, sich gern zu waschen. Schon frühkindlich müssen viele Tricks angewandt werden, um die jungen Menschen zur Sauberkeit zu erziehen. Ein Vollbad lockt sehr häufig, jedoch das tägliche Duschen oder gar noch das unangenehme Zähneputzen sind für viele eine Qual.

Anders verhält es sich meist mit der Bekleidung. Bereits kleine Kinder sind häufig schon sehr eigen bei ihrer Entscheidung, was sie anziehen möchten. Bereits im Kindergarten kristallisieren sich irgendwelche Modetrends heraus. Ein Mädchen erscheint beispielsweise eines Tages mit einem Halstuch, und daraufhin meinen nun auch andere, daß es ohne Halstuch nicht mehr geht. Um so wichtiger wird dies – wie vermutlich alle leidgeplagten Eltern wissen – bei Jugendlichen. Markenartikel werden plötzlich ein Muß, und ohne bestimmte Jeans ist es undenkbar, das Haus zu verlassen. Auffällig ist daher eine Vernachlässigung des Äußeren »aus heiterem Himmel«. Ganz unvermittelt wird nun kein Wert mehr auf den Sitz der Frisur gelegt. Klamotten spielen keine Rolle mehr. Ob sie sauber sind oder zerknüllt, ist egal. Die Verwahrlosungstendenz macht sich dabei nicht nur in der Veränderung der Bekleidungsgewohnheiten fest, sondern zeigt sich manchmal noch deutlicher in der plötzlichen Vernachlässigung des Sauberkeits- oder Gesundheitsverhaltens. Im Gegensatz zu Kindern legen Jugendliche in vielen Fällen bereits großen Wert auf ihre Hygiene. Eine Veränderung dieses Verhaltens stellt eine (Selbst-)Wertverminderung dar und sollte für Erwachsene nicht nur ein Ärgernis sein, sondern auch als Alarmzeichen für irgendein Problem wahrgenommen werden.

Sprachliche und bildliche Ebene

Manchmal werden Anzeichen von Suizidalität direkt ausgedrückt. In vielen Fällen sind die Alarmzeichen jedoch so verschlüsselt, daß sie nicht als solche registriert werden. Die folgenden Beispiele zeigen sehr deutliche, weil verbale Äußerungen, sollen aber auch auf Hinweise aufmerksam machen, die vielfach nicht erkannt werden. In den meisten Fällen müssen die Zeichen als »Es geht mir nicht gut« gesehen werden.

Verbale Äußerungen

Verbale Äußerungen können für uns manchmal klar zu verstehen sein. Sie können lauten: »Ich wünschte, ich wäre im Himmel!«,

»Ich möchte am liebsten tot sein!« oder »Wenn ich nicht mehr lebe, werdet ihr schon sehen ...!« Häufig sind die Aussagen jedoch verschlüsselt, und erst wenn wir uns Gedanken über das gerade Berichtete machen, kommt uns dessen tiefere Bedeutung zu Bewußtsein. Zu diesen versteckten Botschaften gehören Sätze wie »Heute wäre ich beinahe überfahren worden!« Es sind Aussagen, bei denen es sich lohnt, noch einmal genauer nachzufragen.

In unserer Arbeit mit Jugendlichen erleben wir immer wieder, daß diese sich ganz plötzlich um einen Freund oder eine Freundin sorgen. Ein 17jähriges Mädchen bat zum Beispiel dringend um ein Gespräch, in dem sie mitteilte: »Ich muß mich unbedingt um Sonja kümmern. Ich glaube, es geht ihr ganz schlecht. Sie ist in Gefahr! Irgend etwas stimmt nicht mit ihr. Ich muß auf jeden Fall zu ihr fahren und ihr helfen. Wer weiß, was sonst passiert.«

Eine Aussage wie diese kann nun einerseits wörtlich genommen werden, denn Sonja kann es tatsächlich so schlecht gehen. Was allerdings verwunderte, war die mangelnde Eingebundenheit der Aussage in den bisherigen Bezugsrahmen. Sonja war bis jetzt noch nie in Gesprächen aufgetaucht, und die Dringlichkeit der Hilfe für *Sonja* konnte die Jugendliche auf Nachfrage wenig verständlich machen. Dadurch lag die Vermutung nahe, daß das Mädchen eigentlich sagen wollte, daß es ihr selbst schlechtging und daß sie Hilfe brauchte. Mit Sonja als Vorwand war es kein Problem, ihre eigenen Schwierigkeiten darzustellen. Dieses Verhalten ist vor allem sehr typisch für Jugendliche, die häufig das eigentliche Thema nur verschlüsselt ansprechen können. Für unseren Alltag heißt dies, daß wir lernen müssen, das zu erkennen, was hinter ihren Aussagen steckt, das, was sie *eigentlich* sagen wollen: »Bitte hört, was ich *so* nicht sagen kann!«

Philosophisches Interesse

Erhöhte Aufmerksamkeit ist auch angebracht, wenn Jugendliche plötzlich anfangen, sich mit philosophischen Gedanken zum Thema Freitod auseinanderzusetzen.

Beschäftigt man sich mit der Geschichte des Suizids, stößt man immer wieder auf unterschiedliche Haltungen zum Thema Selbsttötung. Bereits in der Antike gab es unterschiedliche Meinungen dazu. Die Philosophenschule Stoa sah den Freitod als ein legitimes Mittel, um Leiden zu beenden, und als äußerste Bewahrung der persönlichen Freiheit. Es gab sogenannte Todesprediger, die den Suizid als Selbstbefreiung propagierten. Die *Qualität* des Lebens wäre das einzig Erstrebenswerte und nicht die Länge. Andererseits bewertete der griechische Philosoph Aristoteles den Suizid als dem Staate gegenüber unsittlich.

Vom 13. Jahrhundert an wurde – zurückführbar auf die Lehre des Thomas von Aquin – der Suizid als Todsünde gesehen. Aquin begründete seine Anschauung damit, daß der Mensch sich die Entscheidung über Leben oder Tod anmaße, obwohl diese in Gottes Hand läge. Dies ist jedoch weder im Alten noch im Neuen Testament verankert. Diese wenigen Beispiele zeigen bereits, wie unterschiedlich der Freitod durch Erwachsene bewertet wurde und wird.

Die Auseinandersetzung der Jugendlichen mit dem Thema Suizid kann nun eingebettet sein in allgemeines philosophisches Interesse und somit als harmlos erachtet werden. Bei intensiverem Beschäftigen und einer Fixierung auf das Thema kann dies jedoch eine wesentlich größere Bedeutung haben, als wir zunächst erahnen.

Vielen Jugendlichen ist der Wert des Lebens tatsächlich abhanden gekommen. Warum lohnt es sich zu leben? Wofür lohnt es sich zu kämpfen? Die Beschäftigung mit dem Freitod in der Phantasie besitzt zum einen die Komponente der Freiheit, zum anderen wird damit aber in der Regel jene Seite des Lebens überdeckt, die als schmerzlich erlebt wird.

Durch die Diskussion mit uns Erwachsenen wollen die Jugendlichen uns häufig dazu auffordern, Gegenargumente zu liefern. Sie wollen von uns hören, warum das Leben doch lebenswert ist.

Damit sind auch wir selbst aufgefordert, uns damit zu beschäftigen, warum wir gerne leben und was wir unseren Kindern mitgeben. Wo sind wir gute Vorbilder? Gerade diese Frage zeigt uns, wie wichtig es ist, diese Auseinandersetzung ernst zu nehmen und sich dafür Zeit zu lassen. Sie bietet uns nicht nur eine günstige Gelegenheit, auf die Jugendlichen einzugehen, ihre Sorgen mit ihnen zu diskutieren und ihnen neuen Halt anzubieten. Auch wir Erwachsenen werden dazu gezwungen, uns zu hinterfragen, und davon können wir nur profitieren!

Schriftliche Äußerungen

Neben den mündlichen Aussagen geben uns viele Kinder und Jugendliche auch schriftliche Hinweise auf ihre seelische Verfassung. Auch hier erleben wir wieder eine große Spannbreite. Es kann sein, daß auf dem Schreibtisch im Kinderzimmer ein Zettel liegt mit dem Hinweis, daß der kleine Bruder das Fahrrad niemals bekommen darf oder der Bär an den besten Freund gehen soll. Der Grad an Bedeutung ist durch einen Schmierzettel nicht geringer als durch einen ausführlichen Abschiedsbrief. Diese Art von testamentarischer Ordnung des Nachlasses ist nicht abhängig von der äußeren Form. Wir können nicht davon ausgehen, daß eine kurze Nachricht weniger dringlich ist als eine eingehende Ausführung.

In manchen Fällen geben die jungen Menschen Anweisungen, was geschehen soll, in anderen drücken sie ihre Hoffnungslosigkeit aus. Besonders anschaulich wird dies natürlich bei der demonstrativsten Form der schriftlichen Äußerung, dem Ab-

Hallo alle die mich
Lieb haben

Ich sehe Keinen sinn mehr
in meinem Leben. In der
Schule werde ich auch nur
noch fertig gemacht fragt nur
mal Steffi (als 1.) caro und
Fanzi ziehen da auch mit.
Ich hätte gerne den anderen
auch noch Tschüß gesagt
aber das geht nun nicht
mehr.
Mama, Papa kümmert euch
um die gerechte Verteilung
meines habens (ihr bekommt
mein Geld).

Ich hab euch
lieb   Andrea

Kommt rein es ist
offen bin sowiso
schon tot

schiedsbrief, der aber im Kapitel »Suizidales Verhalten bei Jugendlichen« noch ausführlicher erörtert werden soll. Weitere schriftliche Alarmzeichen können halb zerknüllte Briefe an Freunde oder Bekannte sein. Diese Briefe oder Texte liegen beispielsweise bereits im Papierkorb, vermeintlich weggeworfen, nicht für die Allgemeinheit zum Lesen bestimmt, aber trotzdem so angeordnet, daß sie problemlos zu lesen sind. Vielleicht finden manche Eltern dies nun übertrieben. Die Tochter wollte doch diesen Brief voller Liebeskummer wirklich wegwerfen! Aber wenn wir uns vorstellen, was wir selbst früher an Energie aufbrachten, um etwas vor unseren Eltern zu verbergen, was sie wirklich nicht sehen sollten, dann wird uns deutlich, daß es sich hier um einen äußerst demonstrativen Hinweis handelt.

Wichtig im Umgang mit unseren Kindern ist immer, sowohl den Inhalt als auch den symbolischen Charakter dieser Botschaften zu erkennen.

Zeichen bildlicher Art

Dieser eben erwähnte symbolische Charakter wird häufig noch verschlüsselter bei Zeichen bildlicher Art. Hier müssen wir mit unseren Augen wahrnehmen, hinsehen und die tiefere Bedeutung erkennen.

Im Kinderzimmer eines zwölfjährigen Mädchens fallen die düsteren Kleider, das schwarze Tuch um den Spiegel und Bilder von Grabhügeln auf. Die Eltern – darauf angesprochen – haben dies sicherlich bemerkt, machten sich bisher jedoch keine weiteren Gedanken darüber. Das Mädchen war über Jahre hinweg ein Fan von Michael Jackson, der nun in ihrer Gunst sehr verloren hatte. Sie sehen die Zimmerdekoration ihrer Tochter als eine Form der Abschiednahme von ihrem Idol. In diesem Beispiel wird deutlich, wie schnell wir Verhaltensweisen unserer Kinder einer Ursache zuordnen, die zwar durchaus Sinn macht, wir sie daraufhin aber nicht weiter hinterfragen. Der Abschied von ihrem Idol ist für das Mädchen sicherlich ein wichtiger Aspekt, aber er ist nur der Anlaß zu ihrer sichtbaren Trauer. Durch ein längeres Gespräch mit den Eltern wird allmählich die tatsächliche Ursache dafür erkennbar: Das Mädchen hängt sehr an ihrem Vater, dieser war allerdings jahrelang beruflich sehr eingespannt. Durch einen Wechsel der Arbeitsstelle hatte das Mädchen große Hoffnung, ihren Vater nun häufiger zu sehen. Sie wurde jedoch bald enttäuscht. Die Tochter sah ihn – bedingt durch die Einarbeitung in eine fremde Abteilung und in ein neues Aufgabengebiet – ganz im Gegenteil noch seltener als zuvor. Die Beschäftigung mit Kreuzen und Gräbern, das Auftragen von schwarzem Nagellack und das Abdecken des Spiegels begannen kurze Zeit später.

Dieses Beispiel soll zeigen, daß die nach außen gezeigten Zeichen häufig nur Symbole für innere Prozesse sind. Sicherlich trauern viele Jugendliche um ihre Idole, aber der Grad der Trauer kann ein Indiz dafür sein, daß wesentlich mehr hinter dem Gezeigten steckt.

Psychische Veränderungen

Auch die manchmal weniger sichtbaren psychischen Veränderungen der jungen Menschen können Alarmzeichen sein. Ein Großteil der obengenannten Erkennungszeichen bringt zwar ebenso seelische Veränderungen mit sich, ist jedoch meist mit konkreten Handlungen verbunden. Im folgenden soll nun auf die eher leisen Veränderungen des Alltäglichen eingegangen werden, die manchmal gerade deshalb übersehen werden können.

Konzentrationsschwierigkeiten

Konzentrationsschwierigkeiten kennen wir alle. Jeder Mensch hat eine Vorstellung davon, worüber wir hier sprechen. Wenn dies so gewöhnlich ist, wie kann es dann ein Alarmzeichen sein?

Denken wir darüber nach, wann unsere Konzentrationsschwierigkeiten auftauchen, dann fallen uns – wenn wir ehrlich genug mit uns sind – sicherlich gewisse Hintergründe dazu ein. In den meisten Fällen waren wir von Problemen geplagt, die uns in irgendeiner Weise über den Kopf wuchsen und uns unkonzentriert und fahrig werden ließen. Wir waren »nicht bei der Sache«, da uns eine andere Sache mehr beschäftigte.

Konzentrationsstörungen können rein pubertätsbedingt sein, aber der Auslöser für diese Art von Störungen ist in vielen Fällen ein belastendes Problem, das die Kinder oder Jugendlichen enorm ablenkt. Aus diesen Gründen zählen wir scheinbar alltägliche Schwierigkeiten zu den Alarmzeichen. In der Konfrontation mit Problemen ergeht es den jungen Menschen genauso wie uns Erwachsenen – mit dem Unterschied, daß sie ihre Situation häufig als noch auswegloser erleben als wir.

Am häufigsten treten diese Störungen im Zusammenhang mit der Schule auf, sei es während des Unterrichts oder nachmittags bei den Hausaufgaben. Viele Lehrer kennen die Situation: Ein bislang guter und aktiver Schüler sackt plötzlich in seinen Leistungen ab und macht in seinen Arbeiten einen Leichtsinnsfehler nach dem anderen. Häufig verändert sich zudem das Schriftbild. Die einstmals klare Schrift wird krakeliger und spiegelt damit deutlich den inneren Zustand des jungen Menschen wider.

Auch Eltern können ein Lied davon singen, wie schwierig es sein kann, die Tochter oder den Sohn bei der Arbeit zu halten. Die sowieso schon ungeliebten Hausaufgaben scheinen nun noch länger zu dauern.

Aber nicht nur bei den schriftlichen Leistungen machen sich diese Störungen bemerkbar. Auch im normalen Gespräch zeigt sich oft eine gewisse Abwesenheit der jungen Menschen. Sie scheinen kaum wahrzunehmen, was wir zu ihnen sagen. Manchmal bekommen wir nur ein Nicken oder Murren als Antwort. Die Konzentrationsschwierigkeiten reichen von einer mehr oder weniger harmlosen Unachtsamkeit bis hin zu schwerer Verwirrtheit. Wir müssen uns aber immer darüber im klaren sein, daß die Konzentration von etwas anderem beansprucht wird. Es kann sich um ein nur harmloses Zeichen von Verliebtheit handeln, aber in den meisten Fällen steckt ein Problem dahinter, das Beachtung verdient.

Gleichgültigkeit

Suizidale Kinder erscheinen oft teilnahmslos und strahlen ein Gefühl von Hoffnungslosigkeit aus. Auch hier wird wieder der bereits erwähnte Aspekt der dynamischen Einengung deutlich. Es besteht die Gefahr, daß sich die jungen Menschen in eine seelische Sackgasse manövrieren.

Wir sollten aufmerksam werden, wenn Dinge, die bisher Freude bereiteten, plötzlich gleichgültig werden. Die meisten jungen Menschen haben irgendwelche Hobbys, treiben Sport oder gehen gern auf Partys. Auffällig ist immer ein abruptes Abbrechen von langgepflegten Tätigkeiten.

Nun gibt es sicherlich Kinder, die von vornherein häufig ihre Beschäftigungen wechseln. Ein mangelndes Durchhaltevermögen muß nicht, kann aber ebenfalls mit zu den Alarmzeichen gehören. Hier beziehen wir uns allerdings in erster Linie auf Tätigkeiten, die über längere Zeit hinweg mit viel Freude und Elan durchgeführt wurden und nun plötzlich abbrechen, ohne daß neue Ideen aufgegriffen werden.

Ein typisches Signal dieser Gleichgültigkeit ist auch das Verschenken geschätzter Dinge. Die Lieblingspuppe spielt auf einmal keine Rolle mehr. Das Spezialwerkzeug für den Modellbau liegt schon seit einiger Zeit beim Freund, ohne daß es irgendwelches Interesse erweckt und wieder abgeholt werden soll. Freundschaften werden abgebrochen, und Pflanzen und Tiere werden plötzlich nicht mehr gepflegt. Alles scheint den jungen Menschen gleichgültig und nichts mehr wert zu sein. So kommen wir auch hier wieder auf das Selbstwertgefühl zu sprechen, auf das wir im folgenden genauer eingehen wollen.

Niedriges Selbstwertgefühl

Das Selbstwertgefühl ist von so zentraler Bedeutung, daß es eigentlich eine exponiertere Stelle in diesem Buch verdiente. Da wir aber bereits einige Male kurz darauf eingegangen sind, wollen wir hier nur einige sehr deutliche Aussagen der jungen Menschen zu diesem Thema zitieren. Typische Aussprüche sind: »Ich bin dumm!«, »Ich bin häßlich!«, »Ich bin unbeliebt!« oder »Ich kann überhaupt nichts!«

Diese Selbstzweifel kennt jeder Mensch, und sie sind bis zu einem gewissen Grade normal, ja sogar gesund, um nicht in einen Größenwahn zu verfallen. Aufmerksamkeit ist aber dann angebracht, wenn diese Äußerungen häufiger und in unterschiedlichen Situationen auftreten. Es ist völlig normal, wenn ein Kind beispielsweise über seine Unfähigkeit in Mathematik klagt. Wenn es seine Zweifel jedoch auch auf andere Bereiche ausweitet, ist es sinnvoll, genauer zu überprüfen, was wirklich hinter diesen Äußerungen steckt.

Alarmierender wird die Situation, wenn junge Menschen kein Lob oder keine Belohnungen annehmen können. Es gibt Kinder, die gutgemachte Hausaufgaben sofort wieder vernichten oder ihr wunderschön gemaltes Bild nach Fertigstellung zerreißen. In den meisten Fällen heißt dies auch hier wieder: »Ich bin es nicht wert, gelobt zu werden!« Manchmal bedeutet es auch:»Ich kann diese ›heile Welt‹ nicht aushalten. In mir ist nichts heil!« Vor allem Kinder mit Gewalterfahrungen jeglicher Art reagieren auf diese Weise und brauchen dringend unseren Beistand.

Franz war das Kind aus erster Ehe. Sein Aussehen und kleine Eigenheiten erinnerten seine Mutter ständig an ihren ungeliebten Exmann. Als sich die zweite Ehe ebenfalls als Fehlentscheidung herausstellte, ließ die Mutter ihre Wut und ihre Enttäuschung immer mehr an Franz aus. Schon als Sechsjähriger mußte er regelmäßig auf die beiden Halbschwestern aufpassen und bekam oft Prügel, wenn er sie nicht genügend versorgte. Mancher Kochlöffel wurde auf seinem Rücken zerschlagen. »Du bist genau wie dein Vater!« bekam er immer wieder zu hören, und das war das Schlimmste, was sie über ihn sagen konnte.

Franz wurde bald nach der Einschulung im Unterricht auffällig. Wenn er nach viel Motivationsarbeit tatsächlich seine Aufgaben löste, zerriß er sofort seine Blätter. Selbst ein Lob über seine Zeichnungen oder Bastelarbeiten konnte er nicht ertragen, und er lief regelmäßig aus dem Klassenraum weg. Er hatte gelernt, daß er nichts wert war. So konnte es auch gar nicht sein, daß er etwas von Wert herstellte.

Stimmungsschwankungen

Stimmungsschwankungen kennt jeder Mensch. Je älter wir werden, desto häufiger schieben wir dies auf das Wetter. Sicherlich ist die Klimalage nicht zu vernachlässigen, doch sind es in den meisten Fällen psychische Gründe, die zu einer Veränderung unserer Stimmung führen.

Zu den auffälligen Situationen gehören Schwankungen, die im Augenblick ihres Auftretens nicht zu erklären sind. Ohne offensichtliche Ursache kommt es zu Trauergefühlen und Tränen. Eine Stimmung von Hoffnungslosigkeit und Gleichgültigkeit bricht herein. Die jungen Menschen sind plötzlich energielos und wirken depressiv. In der Werbung wird immer auf den Vitaminmangel der Kinder hingewiesen, und dies kann tatsächlich ein Grund sein für eine gewisse Lustlosigkeit. Aber die unzureichende Ernährung kann die Schwankungen im emotionalen Erleben unserer Kinder nicht erklären. Denn ein plötzlich auftauchendes Gefühl der Hochstimmung nach einer depressiven Phase verdient genausoviel Beachtung. Vielleicht geht es den jungen Menschen tatsächlich besser, vielleicht haben sie aber Drogen genommen oder sehen eine Lösung ihres Problems in der Planung eines Suizids. In jedem Fall handelt es sich um einen Hinweis darauf, daß dringend ein Gespräch mit den jungen Menschen geführt werden muß.

Somatische Beschwerden

Körperliche Beschwerden, die durch psychische Störungen entstehen und ohne organischen Befund sind, werden psycho-somatische Beschwerden genannt. Kinder und Jugendliche klagen manchmal über Symptome wie Kopfschmerzen, Durch-fall, Fieberschübe, Verstopfung oder Übelkeit. Ruhelosigkeit oder Müdigkeit trotz ausreichendem Schlaf gehören ebenfalls zu diesem Bild. Trotz eingehender Untersuchungen kann jedoch häufig keine medizinische Ursache gefunden werden.
Vielleicht wollen die Kinder ihre Beschwerden »nur« dazu benutzen, uns zu beschäftigen, also dadurch intensive Zuwen-dung von uns erhalten. In den meisten Fällen stecken jedoch ernst zu nehmende Probleme hinter diesen Störungen.
Manche junge Menschen haben auch Schlafprobleme, können nicht einschlafen oder wachen mitten in der Nacht auf, ohne wieder Schlaf zu finden. Undefinierbare Bauchschmerzen, Hy-perventilation oder Atembeklemmungen müssen ebenfalls be-achtet werden, da diese Symptome häufig ein Zeichen sexuellen

Mißbrauchs sind. Selbst wenn kein organischer Befund gefunden wird, zeigen die Kinder und Jugendlichen jedoch sehr deutlich, wo ihre Problemzonen liegen.

Verlusterfahrungen

Kinder und Jugendliche, die den Tod beziehungsweise Verlust eines ihnen nahestehenden Menschen erlebten, sind besonders suizidgefährdet. Generell gilt hier: Je näher die verstorbene Person den jungen Menschen stand, desto größer ist die Gefährdung. Ein achtjähriges Mädchen verlor innerhalb eines Jahres erst ihre Großmutter und dann ihren Vater. Die Mutter hatte aufgrund dieser Verluste einen Nervenzusammenbruch und konnte sich um ihre Tochter kaum kümmern, so daß für das Mädchen in gewisser Weise auch noch der Verlust der Mutter hinzukam.

Sie kam vorübergehend in eine Pflegefamilie, in der sie wohlbehütet war. Trotzdem trank sie während der ersten Aufenthaltswoche die halbe Flasche eines giftigen Putzmittels aus. Sie wurde bald danach entdeckt und sofort ins Krankenhaus gebracht. Aufgrund der schnellen Reaktion konnte die Gefahr rasch gebannt werden. Nach der Entlassung wurde das Mädchen von ihrer Pflegefamilie sehr dazu ermutigt, über ihren Kummer zu reden. Fast jeden Tag sprach sie davon, »auch in den Himmel zu wollen«. Sie malte viele Bilder mit Wolken, auf denen ihre Großmutter und ihr Vater saßen. In ihrer Phantasie war sie wieder mit ihnen vereint. Vermutlich nur durch die Tatsache, daß das Mädchen in der Pflegefamilie offen ihren Kummer ansprechen konnte und nichts verheimlichen mußte, wurde ein weiterer Suizidversuch verhindert.

Manche Kinder sind auch suizidgefährdet nach dem Tod eines ihrer Geschwister. Der Umgang mit dem Verlust innerhalb der Familie ist hier äußerst bedeutungsvoll.

Ein Kind zu verlieren gehört zu den schrecklichsten Erfahrungen unseres Lebens. Viele Eltern haben in ihrer eigenen Trauer um das verlorene Kind kaum die Kraft, ihre anderen Kinder zu unterstützen. Alle Zuwendung gilt der verstorbenen Tochter oder dem verstorbenen Sohn. Für die Geschwister ist diese Situation manchmal kaum zu ertragen. In ihrer eigenen Trauer verlieren sie zudem die Aufmerksamkeit durch die Eltern. Der Wunsch, ebenfalls tot zu sein, um all dem Kummer zu entrinnen und ebenfalls soviel Zuwendung zu erhalten, liegt für viele nahe.

Wie die obengenannten Beispiele zeigen, wird durch den Verlust eines nahestehenden Menschen die eigene Ohnmacht deutlich fühlbar. Der Tod ist unabänderlich, und es gibt keine Möglichkeit, noch einmal etwas gutzumachen oder auf eine Verbesserung zu hoffen. Der Verlust eines nahestehenden Menschen durch Suizid erzeugt zudem nicht nur dieses Gefühl der Hoffnungslosigkeit, sondern ist meist noch gepaart mit Schuldgefühlen und Wut. Verbunden mit dem Nachahmungseffekt wird die Suizidgefahr für junge Menschen in dieser Situation sogar noch verstärkt.

Realpraktische Schritte

In den Grenzbereich der Alarmzeichen zum bereits aktiven Planen eines Suizids gehören die ersten realpraktischen Schritte. Dazu zählt unter anderem das mehr oder weniger unauffällige Sammeln von Tabletten im Schreibtisch oder das Verstecken von Rasierklingen an einer Stelle, an der sie üblicherweise nicht aufgehoben werden.

Noch deutlicher werden die Zeichen, wenn junge Menschen plötzlich mit einem Revolver auftauchen oder ein Messer von einem Freund abgekauft haben. In vielen Fällen handelt es sich schlicht um Imponiergehabe. Manchmal sind Ängste die Ursache für Waffenbesitz. Denn die Gewaltbereitschaft der jungen Menschen steigt ständig an. Waffenkäufe sind auf alle Fälle aber ein Zeichen dafür, daß die jungen Menschen das Gefühl haben, sich in irgendeiner Form wehren zu müssen. Dies sind schon Alarmzeichen genug. Aber diese Aggression kann sich auch umkehren und gegen sich selbst gerichtet werden – wie wir an anderer Stelle bereits erfahren haben –, und aus diesen Gründen gehört auch dieses Verhalten zu den Alarmzeichen suizidalen Handelns.

Suizidales Verhalten

Alarmzeichen sind nicht gleichzusetzen mit suizidalem Verhalten und konkreten Suizidversuchen, obwohl die Grenzziehung manchmal schwierig ist, vor allem im Bereich des Suchtverhaltens und der realpraktischen Schritte. Deshalb gilt generell: Alle angeführten Alarmzeichen müssen unbedingt ernstgenommen werden! Ob die genannten Zeichen Indiz für suizidales Verhalten sind, ist manchmal schwer zu beurteilen. Aber sie sind in jedem Fall Symptome eines kritischen Zustands unserer Kinder und Jugendlichen und verdienen deshalb Beachtung.

Worin zeigt sich nun suizidales Verhalten? Im folgenden wollen wir zwischen dem Verhalten von Kindern und dem der Jugendlichen unterscheiden, da es in den einzelnen Altersstufen verschiedene Anlässe und Symptome gibt. In unserer Zeit ist es häufig schwierig, abzugrenzen, wo Kindheit aufhört und wo Jugend anfängt. Wir wollen Jugend mit dem Beginn der Pubertät definieren, sind uns aber dessen bewußt, daß bereits Neun- bis Zehnjährige in einer Art Vorpubertät stecken können. Bei suizidalem Verhalten muß zwischen Ursache, Motiv und Anlaß unterschieden werden. Anlässe können sehr vielfältig sein und manchmal völlig nichtig erscheinen. Warum kommen junge Menschen auf die Idee, wegen einer Bagatelle wie der Ohrfeige des Vaters nicht mehr leben zu wollen? Begreifen wir die Ohrfeige als Auslöser und trennen sie vom Motiv – in diesem Fall eine schon langanhaltende Konfliktsituation, nämlich Schulversagen –, so wird die Situation bereits verständlicher. Hinter diesem Motiv steckt wiederum die eigentliche Ursache: niedriger Selbstwert. Mit Motiv und Ursache wollen wir uns hier in erster Linie beschäftigen.

Suizidales Verhalten bei Kindern

Bevor wir uns damit auseinandersetzen, warum ein Kind überhaupt auf den Gedanken kommen kann, einen Suizidversuch zu begehen, wollen wir uns kurz mit dem Todesbegriff der Kinder beschäftigen. Ein wichtiger Aspekt zu diesem Thema ist die Tatsache, daß Kinder ganz anders über den Tod denken als Erwachsene.

Sehr kleine Kinder können noch kaum den Unterschied zwischen leblosen Dingen und lebendigen Wesen erkennen. Ein von unserer Hand bewegter Stoffhase ist genauso lebendig wie ein echter Hase.

Erst mit zunehmendem Alter wächst allmählich ein Verständnis vom Tod. Bereits im Alter von zwei Jahren können Kinder Angst vor dem Tod entwickeln. Sie verstehen dies jedoch nicht als etwas Endgültiges. Der Tod wird in ihrer Phantasie als eine zeitweilige Unterbrechung vom Leben erfaßt. Am deutlichsten wird dies durch die Trennung von den Eltern, sei es kurzzeitig, beispielsweise durch einen Urlaub der Eltern, oder in extremer Weise durch die Freigabe zur Adoption. Dieses Gefühl der Verlassenheit und starker Hilflosigkeit entspricht bei kleinen Kindern der Angst vor dem Tod.

Bis hin zum fünften Lebensjahr wird der Begriff Tod mit Leblosigkeit, Trennung, »nicht mehr dasein« gleichgesetzt. Kinder fangen mehr und mehr zu begreifen an, daß es sich beim Tod um einen anderen Zustand handelt als bei der Lebendigkeit. Sie nehmen die Regungslosigkeit bei einem Toten wahr.

Zwischen dem sechsten und achten Lebensjahr wird die Begrifflichkeit konkreter. Die Kinder verstehen, daß jeder Mensch sterben muß und daß der Tod unwiderruflich ist. Das Erfassen geht nun bereits ins Detail, und die Kinder wissen zum Beispiel, daß Verstorbene keine körperlichen Reaktionen mehr zeigen können. Sie entwickeln Interesse an Ursachen und beschäftigen sich mit der Frage des Danach.

Ab dem neunten Lebensjahr wird das Verständnis mit der Entwicklung des abstrakten Denkens immer klarer, wenngleich es trotzdem Momente des Schwankens geben kann. Die Kinder setzen sich mehr und mehr mit dem Thema Sterben auseinander und entwickeln Ängste, daß ihren Eltern oder nahen Verwandten etwas zustoßen könnte.

Mit zwölf Jahren können Kinder abstrakt und logisch denken, und ihr Verständnis für Naturprozesse und physikalische Zusammenhänge ist genauso wie ihre Zeitwahrnehmung voll ausgebildet. In diesem Alter verfügen sie entsprechend über eine ausgereifte Kenntnis des Begriffs Tod.

Durch die allmähliche Entwicklung des Todesbegriffs während des Kindesalters wird deutlich, daß suizidales Handeln von Kindern einen anderen Stellenwert einnimmt als das von Jugendlichen. Kinder fühlen sich ihrer Lebenssituation häufig in einem hohen Maße ausgeliefert und erleben ihre Gefühle entsprechend intensiver. Sie empfinden wenig Handlungsspielraum bei Verboten, Bestrafungen und ihren Verlassenheitsängsten. In diesem Alter stehen den Kindern Coping-Strategien, also Anpassungstechniken zur Bewältigung der Probleme, tatsächlich nur unzureichend zur Verfügung. Nicht zuletzt wegen des noch wenig ausgebildeten Zeitgefühls leben sie noch stärker im Hier und Jetzt. Nur was im Augenblick passiert, zählt. Aus diesem noch mangelnden Überblick heraus handeln Kinder impulsiver als Jugendliche, und der Entschluß, suizidal zu handeln, erfolgt häufig unüberlegt.

Kinder begehen wesentlich weniger Suizidversuche als Jugendliche. Doch Suizidversuche von Kindern sind schwer zu bestimmen und werden deshalb häufig mit Unfällen verwechselt. Mit zu den markantesten Beispielen gehören die Unfälle im Haushalt. Ein vierjähriges Mädchen hat ein giftiges Putzmittel ausgetrunken und liegt nun mit schweren Verätzungen der Speiseröhre im Krankenhaus. Kann dies bereits ein Suizidversuch gewesen sein? Die meisten Menschen können sich nicht vorstellen, daß bereits ein kleines Kind nicht länger *so* leben will wie bisher und suizidal ist. Zudem scheint es doch noch nicht die Giftigkeit eines Putzmittels zu begreifen.

Diese Frage nach der Suizidalität kann trotzdem nur bejaht werden. Als Erwachsene wissen wir, wie scheußlich Putzmittel riechen und schmecken. Bei dem bloßen Gedanken daran kann es einem übel werden. Nun kann es sicherlich passieren, daß eine Vierjährige aus kindlicher Neugier heraus eine Putzmittelflasche öffnet und daran riecht, eventuell sogar einen kleinen Schluck nimmt. Aber dann müßte eigentlich eine große Abwehr und ein starker Würgereiz einsetzen. Wenn wir uns dann vorstellen, daß das Mädchen noch mehr zu sich genommen hat, vielleicht sogar eine halbe Flasche leergetrunken hat, wird deutlich, daß es sich hier nur um suizidales Verhalten handeln kann.

Generell kann die Neigung zu Unfällen und das Suchen von Gefahr als Indiz für Suizidalität angesehen werden. Kinder entwickeln bereits sehr früh ein Gefühl für Gefahr. Auch im Straßenverkehr kennen sie sich bald aus und wissen, wo sie spielen dürfen und auf welche Regeln sie achten müssen. Viele Verkehrsunfälle von Kindern haben suizidalen Ursprung, ohne daß sie als solche erkannt werden. Der Sturz aus großer Höhe wird von vielen Suizidexperten ebenso dazugerechnet.

Mutproben gelten in diesem Bereich als die klassischen Beispiele. Sicherlich geraten viele Kinder unter Druck, genauso stark, furchtlos und mutig wie die anderen zu sein. Ob sie jedoch die einzelnen Mutproben mitmachen und bis zu welchem Grad, ist häufig ein Zeugnis ihres Innenlebens. In Großstädten macht sich immer mehr die Untugend des S-Bahn-Surfens breit. Die Kinder wissen mittlerweile sehr genau, wie gefährlich diese Aktionen sein können, und viele junge Menschen sind dadurch bereits gestorben. Trotzdem hält es einige nicht davon ab, es weiterhin zu versuchen.

Doch was kann Kinder dazu veranlassen, suizidal zu handeln? Was sind die Ursachen und Hintergründe?

Im Zusammenhang mit den Suizidtheorien haben wir bereits einige Ursachen genannt. Nach Kurt Biener, einem Schweizer Suizidforscher, sind die wichtigsten Aspekte schwere Schuld- und Insuffizienz-, also Unzulänglichkeitsgefühle, zerrüttete Familienverhältnisse, ein Mangel an mitmenschlichen Kontakten sowie Affekt- und Aggressionsstauungen. Diese Punkte können einzeln als relativ harmlos angesehen werden, da sie häufig vorkommen. Sie bedingen sich aber in vielen Situationen gegenseitig und werden dann übermächtig.

Wir haben schon oft über die Problematik des sexuellen Mißbrauchs gesprochen. Wenn Kinder dieser Gewalterfahrung ausgeliefert sind, sehen sie kaum eine Möglichkeit, dieser Situation zu entrinnen. Sie fühlen sich ohnmächtig und hoffnungslos. Zur selben Zeit erleben sie sich schuldig, denn sie haben ja »mitgemacht«. Sie haben sich nicht ausreichend gewehrt. Schuld- und Insuffizienzgefühle machen sich breit. Familien, in denen Mißbrauch stattfindet, können sicherlich als zerrüttete Familien angesehen werden, auch wenn es sich durchaus um sogenannte angesehene Familien handeln kann. Auch dieser Aspekt ist ein wichtiger Teil von Bieners Beschreibung.

Das Gefühl des Alleinseins mit diesem schrecklichen Geheimnis isoliert viele Kinder. Manchmal sorgen bereits die Familienangehörigen für diese Absonderung, oft kann man bei mißbrauchten Kindern aber auch das Phänomen der »selbstgewählten Isolation« beobachten. Dies kann auf zwei verschiedene Arten stattfinden: Zum einen grenzen sie sich aktiv aus, indem sie von sich aus keinen Kontakt aufnehmen, zum anderen zeigen sie das gegenteilige Verhalten, indem sie keine Grenzen zu anderen mehr wahren können und damit schließlich von ihrer Umwelt ausgegrenzt werden.

Der letztgenannte Punkt der Affekt- und Aggressionsstauungen ist evident. Die wahren Gefühle und Aggressionen können mißbrauchte Kinder kaum ausleben, ganz im Gegenteil. Viele

Kinder retten sich durch die Flucht in eine Phantasiewelt, um ihre reale Welt nicht spüren zu müssen. Warum aber einige Kinder mit ihren Problemen umgehen können, andere wiederum sehr schnell an ihre Grenzen gelangen, ist bis heute ungeklärt. Sicherlich spielen noch wesentlich mehr Faktoren eine Rolle, als wir sie hier beschreiben können. Wichtig ist uns jedoch festzuhalten, daß Kinder in fundamentaler Art und Weise auf ihre Familie angewiesen sind! Für alle weiteren Lebensressourcen sind die Eltern entscheidend. Diese Bedeutung muß immer wieder wahrgenommen werden und damit auch unsere Vorbildfunktion.

Suizidales Verhalten bei Jugendlichen

Bei Jugendlichen ist die Abhängigkeit von der Familie bereits wesentlich geringer. Doch der entscheidende Grundstein zu suizidalem Verhalten wird bei ihnen sicherlich bereits in der Kindheit gelegt, denn Gemeinsamkeiten zwischen der Suizidalität von Kindern und Jugendlichen kann es bezüglich langandauernder Probleme geben, die von frühester Kindheit an bestehen und bis ins Jugendalter fortwirken. Die Genese der Kindheitsprobleme ist in diesen Fällen noch immer gültig. Wie oben begründet, begehen Jugendliche jedoch einen Suizidversuch mit einem vollkommen anderen Bewußtsein. Sie wissen um den Tod und seine Endgültigkeit. Dennoch spielen sie damit und wollen manchmal in ihren Größenwahnphantasien Grenzen erfahren.

Das ausschlaggebende Unterscheidungskriterium zwischen Kindern und Jugendlichen liegt in der Pubertät. Die Pubertät ist eine Zeit starken inneren und äußeren Umbruchs. Der Übergang von der Kindheit zum Erwachsensein führt zu einer starken Zerrissenheit. Diese Phase ist geprägt von großer Unsicherheit. Die Jugendlichen wollen so eigenständig wie möglich sein, sehnen sich aber nach der Geborgenheit der Kindheit. Sie sind geplagt von großen Selbstzweifeln und Unsicherheit, was sich häufig in Launenhaftigkeit ausdrückt.

Die Unausgeglichenheit zeigt sich sowohl psychisch wie auch physisch. Der gesamte Körper verändert sich und wirkt manchmal schon erwachsen, obwohl die jungen Menschen sich selbst noch als kindlich erleben. Mit dem Wandel des Körpers entdecken sie die Entwicklung ihrer eigenen Sexualität. Die ersten sexuellen Erfahrungen werden gemacht mit all den Schwierigkeiten und Unsicherheiten, die in der Regel auftreten. Die Entwicklung der eigenen Persönlichkeit tritt immer mehr in den Vordergrund. Die Beziehung zum Elternhaus wird zum erstenmal hinterfragt und gleichzeitig jene zu den Freunden wesentlich erweitert. Die eigene Zukunft spielt eine ganz neue Rolle. Die ersten Pläne werden geschmiedet: Wie will ich leben? Welchen Schulabschluß soll ich machen? Welchen Beruf will ich ergreifen? Lebensentscheidungen müssen getroffen werden, zumindest Entscheidungen für die nächsten Jahre.

Die Abgrenzung zu den Eltern ist ein wichtiger Prozeß. Frühere Generationen hatten damit weniger Probleme. Es gab kaum Gemeinsamkeiten mit den Eltern. Die Entfaltungsmöglichkeit war jedoch häufig sehr eingegrenzt, und in manchen Familien wurde jegliches Ausbrechen mit rigiden Bestrafungen sanktioniert.

Für die heutige Generation gibt es andere Probleme, denn die Abgrenzung von den Eltern ist wesentlich schwieriger geworden: Die Eltern hören oft die gleiche Musik, sehen die gleichen Filme, tragen die gleiche Kleidung und haben furchtbar viel Verständnis! Für die meisten Jugendlichen ist es deshalb äußerst schwierig, sich abzugrenzen, sich irgendwie von ihren Eltern zu unterscheiden. Aber diese Abgrenzung ist außerordentlich wichtig. Sie müssen anders sein dürfen und rebellieren können. Nur dadurch können sie sich als eigenständige Personen erleben und ihr eigenes Ich entwickeln.

Gerade durch die Erprobung des eigenen Ichs kommt es während der Pubertät oftmals zur Eskalation der Schwierigkeiten. Bis dahin verfügbare Coping-Strategien, das heißt Bewältigungsstrategien, versagen häufig. Die bisherigen Sicherheiten haben ihre Gültigkeit verloren. Die Jugendlichen sind in der Regel unfähig, über ihre Probleme zu sprechen, und versuchen ihre Unsicherheit durch Überspielen in Form von neuesten Klamotten und Prahlen zu verbergen. Doch gerade dadurch besteht die Gefahr, daß ihre soziale Isolation ständig zunimmt. Je mehr Beziehungen in die Brüche gehen, desto größer wird das Gefühl der Hoffnungslosigkeit, das schließlich zu suizidalem Verhalten führen kann.

Der gesamte psychische wie physische Umbruch während dieses Krisenalters ist sicherlich der Hauptgrund, warum die Suizidrate bei Jugendlichen enorm ansteigt. Laut Angaben des Statistischen Bundesamts ist die Suizidrate bei Jugendlichen und alten Menschen am höchsten, das heißt in typischen Krisenzeiten. Während viele alte Menschen kaum mehr einen Sinn in ihrem weiteren Leben sehen, wird vielen Jugendlichen zum erstenmal die Sinnfrage bewußt. »Wer bin ich?«, »Was kann ich?« und »Was will ich?« sind zentrale Fragen, deren Antworten ständig zwischen Größenwahn und Nichtigkeitsgefühlen schwanken.

In ihrer labilen Verfassung gehen viele Jugendliche dabei häufig bis an ihre Grenzen. Dieses Ausloten der Grenzen kann vielerlei Gesichter haben. Vom Spiel mit dem Tod in Form von S-Bahn-Surfen haben wir bereits bei den Kindern berichtet. Mutproben dieser Art sind jedoch auch noch bei Jugendlichen zu finden. Viele neigen darüber hinaus über den Alkohol-, Drogen- und Tablettenkonsum zu Grenzerfahrungen. Ob der Betäubungsmittelkonsum von Jugendlichen nun ein Alarmzeichen oder bereits suizidales Verhalten ist, darüber gibt es nach wie vor unterschiedliche Meinungen. Mehrere Untersuchungen zeigen, daß zumindest die gedankliche Bereitschaft zu suizidalem

Verhalten unter Drogeneinfluß steigt. Dieses Ergebnis korrespondiert mit dem Alkoholkonsum. Zumindest besteht unter dem Einfluß von Betäubungsmitteln die Gefahr einer überhöhten Selbsteinschätzung auf der einen Seite und die einer Geringschätzung der Risiken auf der anderen. Nicht zuletzt durch dieses Ausloten der Grenzen kann in manchen Fällen nicht unterschieden werden, ob es sich bei den Todesfällen um Suizide oder Unfälle handelt.

Eine klarere Situation wird durch Abschiedsbriefe dokumentiert, die etwa 20 Prozent der Jugendlichen, die einen Suizidversuch begehen, hinterlassen. Bei den Alarmzeichen wurde bereits auf diese schriftlichen Hinweise eingegangen. Abschiedsbriefe liegen in den meisten Fällen am Tatort, werden aber manchmal auch mit der Post geschickt. Sie haben je nach Alter unterschiedliche Inhalte. Kinder schreiben in den seltensten Fällen Abschiedsbriefe. Dieses Medium wird in der Regel erst ab ungefähr dem zwölften Lebensjahr benutzt. Inhaltlich beziehen sich die Suizidanten manchmal auf die Vorgeschichte und versuchen ihre Tat so zu erklären. Manche entschuldigen sich für ihre Tat, wieder andere sind voller Vorwürfe direkter oder indirekter Art. Ein Beispiel hierfür ist der Brief eines 13jährigen Jungen, der seinen Suizidversuch damit erklärte, daß er tot sein will, damit ihn seine Mutter endlich auch so lieb hat wie seinen verstorbenen Bruder.

Der Abschiedsbrief kann auch den Aspekt der Rache oder Erpressung beinhalten. Vor allem junge Menschen, die sich klein, ungeliebt und wertlos empfinden, drücken dies in ihren Briefen aus.

Manche betonen, daß es sich um einen freiwilligen Akt handelt: »Es ist besser so, wenn ich gehe. Dann bin ich keine Belastung mehr für euch!«

Betrachtet man die Anlässe und Motive der Jugendlichen genauer, so sieht man deutlich den Unterschied zu den kindlichen Problemen. Im Hintergrund stehen sicherlich die pu-

Liebe Eltern

Ich möchte mich von Ech
verabschieden denn ich werde
selbst selbst Mord begehen und
und zwar aus den gründen; Ich
ö bin eine nite, stehe
nur im weg, mache ales falsch
und der druck den ir ihr aus übt
halte ich Nicht aus, ich liebe euch.
   Euer Tamas,

   Goodbye!! euer Tamas:

bertären Konflikte, wie wir sie oben beschrieben haben. Doch der häufigste Anlaß zu einem Suizidversuch ist der gesamte Bereich Beziehungen. Dazu gehören jegliche innerfamiliären Veränderungen, Liebeskummer und sexuelle Probleme. Auch unerwünschte Schwangerschaften oder Probleme in der Schule führen oft zu suizidalem Verhalten.

Mit zunehmendem Alter verändern sich nicht nur die Anlässe, sondern auch die Ernsthaftigkeit. Während Jungen mehr zu den »harten« Methoden neigen wie Erhängen, Sich-überfahren-Lassen oder Erschießen, wählen Mädchen »weichere« Mittel wie Vergiften oder kombinierte Methoden.

Welche Methode auch immer gewählt wurde und welcher Anlaß auch immer dahinterstehen mag: wichtig ist immer, den Versuch ernst zu nehmen, den Kindern wie den Jugendlichen beizustehen und eine Veränderung herbeizuführen. Diese Veränderung muß sich zwangsläufig immer auf die gesamte Familie beziehen. Nicht ein Mensch allein ist schuld an der Situation. Die Ursachen liegen fast immer in der Familienstruktur begründet. Die wichtigsten Strukturen wollen wir deshalb im folgenden vorstellen.

Familienstruktur

Familien sind Beziehungsgefüge unterschiedlicher Art. Jedes einzelne Mitglied hat eine bestimmte Rolle, durch die es seine Aufgabe in der Familie erfüllt. Die bekannteste Rolle ist die des Sündenbocks. In Familien mit Zwillingen ist zum Beispiel häufig ein Kind erfolgreich, während das andere versagt und Probleme macht. In vielen Familien gibt es Aufgaben- und Rollenverteilungen, die manchmal auch über Generationen weitergeleitet werden. Mathias sollte beispielsweise die Rolle des Großvaters übernehmen und den versagenden Vater überrunden. Franziska nahm der Großmutter den häufig geäußerten Ausspruch »Ich bringe mich noch um!« ab und versuchte ihn in die Tat umzusetzen.

Jede Familie hat ihr eigenes Kommunikations- und Interaktionsmuster. Je starrer und inflexibler diese Muster sind, desto stärker leiden die einzelnen Mitglieder. Wenn Kinder und Jugendliche die Erfahrung machen, daß sie kaum Möglichkeiten haben, dieser Struktur zu entkommen, und alle Bewältigungs- und Lösungsversuche fehlschlagen, kann manchmal der Suizid als der einzig mögliche Ausweg gesehen werden.

Wir wollen im folgenden vier Familiensituationen darstellen, die zu einer Erhöhung des Suizidrisikos führen können. Innerhalb dieser Konstellationen steigt die Gefahr der Suizidalität noch einmal, wenn die Familie auf engem Raum zusammenlebt, durch äußere Faktoren wie chronische Krankheiten oder Arbeitslosigkeit belastet ist und/oder wenn es bereits Vorerfahrungen mit Tod oder Suizidalität gibt.

Gewaltfamilien

Wo beginnt Gewalt? Ist verbale Härte schon Gewalt, beispielsweise bei Bestrafungen, lautem Brüllen, Negieren des jungen Menschen, oder beginnt Gewalt bei einer Ohrfeige und steigert sich hin zu Prügeln? Jeder Mensch wird vermutlich hier eine andere Grenze ziehen bei der Frage, was noch tolerabel ist und was nicht mehr. Gewalt beginnt sicherlich bereits auf einem niedrigen Niveau und sollte in jedem Stadium hinterfragt werden. Denn mit Gewalt werden Kinder gedemütigt, und ihre Persönlichkeit wird zerstört.

Durch Schläge lernen Kinder schon sehr früh, sich den Anforderungen der Eltern zu fügen. Doch diese Fügsamkeit entspringt nicht einer Einsicht in das Tun, sondern nur der blanken Angst. Diese Erlebnisse können erneut ein großes Gewaltpotential erzeugen. Viele Kinder, die geprügelt werden, entwickeln selbst ebenso Gewaltbereitschaft. Junge Menschen mit Mißbrauchserfahrungen werden in vielen Fällen später ebenfalls zu Mißbrauchern. Diese Wiederholung ist die Rache für die eigene Wehrlosigkeit in frühen Jahren.

Kinder leiden jedoch genauso unter der Gewalt der Eltern untereinander und der Unfähigkeit, Konflikte adäquat zu lösen. Brüllende, sich gegenseitig erniedrigende Eltern erzeugen Angst. Auch hier wird unsere Vorbildfunktion deutlich, denn die ständige Angst vor der Gewalt kann sich verfestigen und zu einem generellen Lebensgefühl ausweiten. Die jungen Menschen können Angst vor der Schule, Angst vor Klassenkameraden und Angst vor Bedrohungen jeglicher Art entwickeln. Durch die Gewaltbereitschaft in der Familienstruktur ist es ihnen nicht möglich, angemessene Bewältigungsstrategien zu entwickeln.

Ebenso kann es wiederum zu einer Aggressionsumkehr kommen. Die jungen Menschen richten die erlebte Gewalt nicht nach außen, sondern nach innen gegen sich selbst. Wenn

Kinder und Jugendliche keine adäquate Vorstellung von Konfliktlösungsmöglichkeiten entwickeln können, erscheint ihnen die Selbsttötung als die letzte Rettung, dem heimischen Terror zu entkommen.

Trennungsfamilien

Trennungsfamilien sind unvollständige Familien, in denen ein oder beide Elternteile infolge von Tod oder Scheidung fehlen. Das Schlagwort »broken home« wird heute immer häufiger dafür benutzt. Der Verlust eines Elternteils bringt das gesamte Familiensystem ins Wanken und beinhaltet für alle Beteiligten eine starke Entwurzelung, vor allem aber für die Kinder. Zunächst ist gleichgültig, ob die Trennung durch Scheidung oder durch Tod stattgefunden hat. Die sichere Basis der Eltern, auf die sich die jungen Menschen immer verlassen konnten, existiert nicht mehr.

Scheidungsfamilien haben den »Vorteil«, daß rein theoretisch beide Elternteile zur Verfügung stehen können. Es gibt die Möglichkeit, sie anzurufen und sich mit ihnen auseinanderzusetzen. Wie belastend eine Scheidung auf die jungen Menschen wirkt, hängt unter anderem vom Alter der Kinder ab. Kinder unter sechs Jahren reagieren mit erhöhter Ängstlichkeit, verstärktem Weinen, Bettnässen und Aggressionen. Durch die ich-zentrierte Sichtweise der jüngeren Kinder entwickeln sich häufig starke Schuldgefühle, Phantasien, irgendeine ihrer Verhaltensweisen hätte die Trennung verursacht. Bei älteren Kindern verliert sich dies allmählich. Sie geben sich dafür mehr Tagträumen und Wiedervereinigungsphantasien hin. Viele werden launisch, schwermütig und klagen über Kopfschmerzen. Jugendliche reagieren häufig mit Schuleschwänzen und suchen generell mehr Kontakt nach außen. Mit anderen Worten: Die jungen Menschen senden jede Menge Alarmzeichen.

In manchen Fällen kann sich eine Trennung der Eltern auch positiv auswirken: Die ewigen Streitereien und Verletzungen haben ein Ende; endlich herrscht Ruhe, und Ängste können allmählich abgebaut werden.

Wenn nun in dieser für alle Beteiligten schwierigen Situation die Kinder und Jugendlichen dazu benutzt werden, den anderen Elternteil auszuspielen oder zu bestrafen, treten typische Einengungsmerkmale auf. In diesem krisenhaften Zustand werden die Sorgen und Nöte der jungen Menschen häufig nicht wahrgenommen, und viele versuchen drastische Warnsignale von sich zu geben, um unbewußt auch auf ihr Leid aufmerksam zu machen.

Der Tod eines Elternteils kann ebenfalls starke Verlassenheitsängste bewirken. Die Tatsache, daß der Vater oder die Mutter unwiderruflich weg ist, ist vor allem für Kinder schwer faßbar. Dieses Unverständnis ist gepaart mit der Angst, auch der andere Elternteil könnte sterben. Suizidales Verhalten kann hier durch zwei Aspekte ausgelöst werden: einerseits durch das Gefühl, vom verbliebenen Elternteil nicht genügend wahrgenommen beziehungsweise vernachlässigt zu werden. Andererseits sehnen sich die Kinder oder Jugendlichen in ihrer Phantasie nach der verstorbenen Mutter oder dem verstorbenen Vater und wollen ihr oder ihm nahe sein.

Probleme können sich ebenfalls ergeben, wenn ein junger Mensch den verstorbenen Elternteil ersetzen soll. Dies kann auftreten, wenn der gleichgeschlechtliche Elternteil stirbt und der Sohn oder die Tochter nun diese Lücke füllen soll. In diesen Fällen wird das Familiensystem unter allen Umständen aufrechterhalten. Die jungen Menschen sind durch diesen Rollentausch jedoch völlig überfordert. Sie sind Söhne oder Töchter, und sie leben selbst noch in Trauer. Je ausweglöser die Situation ist und je stärker der Druck auf sie wirkt, desto stärker versuchen sie schließlich, sich dieser Situation zu entziehen.

Wir-haben-keine-Probleme-Familien

Manche Familien bilden einen engen Zusammenhalt, indem ihre Mitglieder mit scheinbar größter Freundlichkeit und Höflichkeit einander begegnen. Nie fällt ein böses Wort, nie wird gestritten. Der Zwang zur Harmonisierung steht im Vordergrund. Nach außen scheint ein derartiges Familiensystem perfekt zu sein. Die Eltern sind erfolgreich, die Kinder freundlich und adrett gekleidet, wie dies bei Johanna der Fall war.

Betrachtet man jedoch diese Familien genauer, so kann man schnell erkennen, mit welch enormer Anstrengung alle Beteiligten versuchen, dieses System aufrechtzuerhalten. Wie in jeder anderen Familie gibt es auch hier Sanktionen, doch laufen diese mit wesentlich subtileren Mitteln ab. Bereits ein strenger Blick oder das Hochziehen einer Augenbraue des Vaters kann ausreichen, um dem Sohn deutlich zu machen, daß Gefahr im Verzug ist. Diese Gefahr kann beispielsweise im Ausschluß aus dem Beziehungsgeflecht für die nächsten Stunden liegen. Damit ist eine offene Kommunikation innerhalb der Familie nicht möglich. Jegliche Kritik wird als Bedrohung empfunden, Konflikte sind nicht erlaubt und werden ignoriert.

Bei genauerer Betrachtung kann sich herausstellen, daß zum Beispiel der älteste Sohn ab und an etwas auffällig ist und schließlich zum Sündenbock abgestempelt wird. Die gesamte Aufmerksamkeit der Familie wird auf ihn gelenkt. In Wirklichkeit ist die Familienstruktur schon lange angegriffen und nicht mehr stimmig.

Ein Sündenbock in der Familie hat in der Regel die Funktion, vom eigentlichen Konflikt abzulenken. Der ursprüngliche Konflikt liegt häufig in der Beziehung der Eltern, er wird aber nie offen ausgetragen. Die Probleme mit dem Sohn dienen als verlagerter Schauplatz einer tiefer liegenden Ursache.

Anna kam als zweites von drei Kindern zur Welt. Die frühe Kindheit war relativ unruhig, da die Eltern durch den mehrfachen Berufswechsel des Vater häufig umziehen mußten. Die Mutter hatte Abitur gemacht und wollte eigentlich studieren. Sie wollte Ärztin werden und viel Geld verdienen. Wegen ihrer drei Kinder hat sich dieser Wunsch jedoch nie erfüllt. Ihr erstes Kind war ein »Unglücksfall«, durch den sie nun an ihren beruflich wenig erfolgreichen Mann gebunden war. Sie hatte sich ihr Leben ganz anders vorgestellt, und ihre Eltern hatten sie frühzeitig vor diesem Mann gewarnt.

Ihr Mann wußte, daß er in ihren Augen ein Versager war. Er verlor eine Stelle nach der anderen und griff schließlich zur Flasche. Die Mutter tat alles, was in ihrer Macht stand, um seinen Alkoholismus vor der Umwelt zu verbergen.

Als die Kinder groß genug waren, daß sie arbeiten gehen konnte, versuchte sie etwas zum Familienwohlstand beizutragen. Als Verkäuferin war sie in dem kleinen Ort wohlbekannt und genoß durch ihre Freundlichkeit ein gewisses Ansehen. Über viele Jahre hinweg kämpfte sie für ihre Familie, jedoch noch mehr für ihre Anerkennung im Ort.

Ihr Mann trank heimlich weiter. Er hatte seine Alkoholdepots, Verstecke, die zwar allen Familienmitgliedern mit der Zeit bekannt waren, aber heimlich toleriert wurden. Sie hatten mit den Jahren gelernt, rechtzeitig wegzusehen. Er wiederum hatte gelernt, als Versager dankbar dafür zu sein, daß er in der Familie bleiben durfte.

Anna wuchs heran, ging aufs Gymnasium und war eine gute Schülerin. Alle waren zufrieden mit ihr, man konnte das nette Mädchen gut vorzeigen. Als Anna in die Pubertät kam, hatte sie ihren ersten Freund, einen Maurerlehrling, mit dem sie bald die ersten sexuellen Erfahrungen machte. Die Mutter war wütend. Ihrer Meinung nach paßte dieser Freund gar nicht in die Familie. All die Jahre hatte sie sich Mühe gegeben, den guten Ruf der Familie zu wahren. Doch Anna wollte sich nicht davon abbringen lassen und traf sich weiterhin heimlich mit ihrem Freund.

Eines Tages fand die Mutter aus Zufall einen seiner Liebesbriefe und durchsuchte systematisch Annas Zimmer. Es kam zu einem großen Skandal, und die Mutter verbot jeglichen weiteren Kontakt. Sie holte ihre Tochter von der Schule ab und kontrollierte, ob sie wirklich ihre Freundin besuchte. Anna wurde bald in der Schule auffällig. Die begabte Schülerin lernte kaum mehr und saß unkonzentriert über ihren Arbeiten. Ein blauer Brief nach dem anderen kam von der Schule. Die Eltern waren außer sich, erteilten ihr viele Verbote, kürzten das Taschengeld und lockten sie mit einem Fernseher für ihr Zimmer. Die langtrainierte Ruhe in der Familie war nun endgültig gestört. Die Unaufrichtigkeit ihrer Familie und der Zwang zur Harmonie kamen Anna erst durch die Beziehung zu ihrem Freund richtig zu Bewußtsein. Anna fing zunächst an, an ihren Armen ein wenig herumzuschneiden. Schließlich wurde sie mit einer Überdosis Tabletten gefunden und in letzter Sekunde ins Krankenhaus gebracht. Die inneren Konflikte und Spannungen ihrer Familie wurden von Anna ausgelebt und schließlich durch suizidales Handeln nach außen getragen. Anna entwickelte wie die meisten Kinder und Jugendlichen ein Empfinden für die Unechtheit der Situation. Junge Menschen haben jedoch wenig Möglichkeiten, irgend etwas zu benennen oder zu verändern.

Symbiotische Familien

In der symbiotischen Familienstruktur sind der enge Zusammenhalt und die starke Abhängigkeit ein wichtiges Kriterium. Während die »Wir-haben-keine-Probleme-Familie« durchaus außenorientiert ist, leben hier die einzelnen Familienmitglieder symbiotisch zusammen, jedoch ohne Empathie und Geborgenheit. Wärme und Liebe sind nicht zu spüren. Außerfamiliäre Kontakte werden nicht gern gesehen und wenn irgend möglich unterbunden. In diesen Familien gibt es klare Vorschriften, wie die einzelnen sich zu verhalten haben. Sie bieten keinen Raum zur Entwicklung einer Individualität. Selbständigkeit und Kreativität sind hier nicht gefragt, Widerspruch wird nicht geduldet. So kann der Suizid manchmal als einziger Ausweg aus dieser Situation gesehen werden, als letzte Möglichkeit individuellen Handelns.

Lisa lebte in einer großen Familie. Ihre Großmutter, die Eltern und die Geschwister wohnten alle unter einem Dach. Seit Jahrzehnten gab es in der Familie die heilige Regel, daß der Sonntag der Familie gehöre und gemeinsame Ausflüge gemacht werden.

Lisa mochte diese Ausflüge noch nie. Sie haßte das gemeinsame Wandern, bei dem kaum ein Wort gesprochen wurde, es sei denn, es ging um das gemeinsame Bewundern der Landschaft oder einer Pflanze. Es gab zwar immer einen Picknickkorb, aber auf ihre Bedürfnisse und Wünsche wurde nicht eingegangen. »Schon meine Mutter hat den Korb mit diesen Dingen gefüllt«, pflegte die Großmutter immer zu kommentieren. Mit zunehmendem Alter wurden diese Ausflüge für Lisa mehr und mehr zur Tortur. Wie gern wäre sie mit ihren Freunden weggegangen!

Ihre erste Verweigerung endete mit einem Familiendrama. Als Lisa am Abend nach Hause kam, hatte sich die Großmutter bereits in ihr Zimmer zurückgezogen. Die Mutter saß da und weinte, und Lisas Vater machte ihr klar, wie egoistisch sie sei: »Du denkst nur an dich. Die Familie ist dir wohl völlig egal?« Je mehr Lisa aus der Familie herausdrängte, desto größer wurde die Mißbilligung. Die Eltern machten ihr immer wieder deutlich, daß sie ohne die Familie ein Nichts sei. Sie würde es sowieso zu nichts bringen und wäre noch froh und dankbar, daß sie ihre Eltern hätte.

Lisa konnte sich ihrer Familie nicht verständlich machen. Alle Gespräche mit ihren Eltern endeten mit Niedergeschlagenheit oder Traurigkeit der Mutter oder Großmutter. Vaters strenger Blick war deutlich zu spüren. Lisa spürte, wie ihre Schuldgefühle und ihre Scham über ihre Unfähigkeit, eine gute Tochter zu sein, immer mehr dem wachsenden Gefühl der Angst und der Feindseligkeit gegenüber ihren Eltern Platz machten. Lisa schwankte zwischen Schweigen, Wutausbrüchen und Schuldgefühlen zur selben Zeit. Bei allen Gesprächen blieb sie ohnmächtig zurück.

Ganz langsam wurde die häusliche Situation immer zermürbender. Es lag eine unheilverkündende Atmosphäre in der Luft. Das System kam mehr und mehr ins Wanken. Weder die Eltern noch die Großmutter hatten Verständnis für sie, und alle machten ihr deutlich, daß sie mit ihren unsinnigen Gedanken nichts zu tun haben wollten. Lisa sah sich schließlich dem Familiendruck nicht mehr gewachsen und versuchte sich mit Schlaftabletten das Leben zu nehmen.

Suizid und Schule

Alljährlich zum Schuljahresende bietet sich »Suizid und Schule« als Thema in den Medien an. Das drohende Sommerloch kann mal wieder durch ein pressewirksames Motiv für kurze Zeit gestopft werden. Jedoch darf nicht die Gesamtzahl der Suizidversuche junger Menschen in Zusammenhang gebracht werden mit Schwierigkeiten und Ängsten in der Schule. Dies würde eine unzulängliche Verkürzung der Problematik bedeuten. Andererseits darf auch nicht übersehen werden, daß Schulängste in vielen Fällen ein Auslöser für Suizidversuche sein können und häufig als Grund in den Abschiedsbriefen angegeben werden. Vordergründig scheint die Verzweiflungstat dadurch ausgelöst worden zu sein, daß der Lehrer zu streng war, schlechte Noten gegeben wurden usw. Aber nur aus diesem Grund würde sich vermutlich kein Kind oder Jugendlicher umbringen, wenn nicht bereits eine andere Störung vorliegen würde.

Ein Kind, das mit seinen Ängsten zu Hause aufgefangen wird, kann genügend Stabilität entwickeln, um auch schlechte Noten zu verkraften. Dies soll keine Anklage an die Eltern und kein Freispruch für die Lehrer sein. Denn viele Eltern stehen unter starkem beruflichen Streß, mit dem sie tagtäglich konfrontiert sind. Und andererseits kennen viele Menschen aus eigener Erfahrung Lehrer, die einem das Leben zur Hölle gemacht haben. Die Problematik des begabten Kindes, das unter dem Druck erfolgreicher Eltern steht, haben wir bereits angesprochen im Zusammenhang mit dem präsuizidalen Syndrom. Die jungen Menschen leiden unter der Angst, den Ansprüchen der Eltern nie gerecht werden zu können.

Trotz allem muß auch gesehen werden, daß die Schule einen großen Teil des Lebens von Kindern und Jugendlichen in Anspruch nimmt. Ebenso wie in der Familie kann auch die Schulsituation eine situative, dynamische wie wertmäßige Einengung bewirken. Die Schule setzt starke Normen, denen die jungen Menschen gerecht werden müssen. Sie sollen pünktlich anwesend sein, sich nach bestimmten Regeln richten und schulischen Anforderungen entsprechen. Aber nicht nur die Schüler, auch die Lehrer stehen unter einem bestimmten Druck. Sie müssen den Lehrplan erfüllen und übersehen dabei manchmal die Probleme, Ängste und Nöte des einzelnen Schülers. Kinder und Jugendliche, die selbstsicher und aktiv mitarbeiten, bekommen automatisch mehr Anerkennung und Zuwendung. Ihr Selbstwert wird anerkannt und gestärkt. Was passiert aber mit den anderen Schülern, mit denjenigen, die sich laut und aggressiv verhalten, oder denjenigen, die ruhig und depressiv erscheinen?

Kinder und Jugendliche, die sich nicht in den Schulalltag eingliedern wollen, sind auffällig, stören den Unterricht und sind damit in der Regel bei Lehrern unbeliebt. Doch diese Schüler können als schwarze Schafe oder Clowns ihre Aggressionen ausleben und sind damit manchmal weniger gefährdet bezüglich suizidalem Verhaltens. Dennoch ist Vorsicht geboten, denn das Blatt kann sich plötzlich wenden, und die Aggressionen werden zu Autoaggressionen.

Wesentlich mehr Beachtung muß den Kindern geschenkt werden, die sich ruhig und damit scheinbar unauffällig verhalten, die sich zurückziehen und allein und einsam im Pausenhof stehen. Diese Schüler werden häufig übersehen, weil die meiste Energie für die auffälligen und lauten Kinder und Jugendlichen verwandt wird. Aber gerade diese jungen Menschen brauchen dringend Aufmerksamkeit, denn es gibt immer einen Hintergrund für ihr Einzelgängertum. Einerseits muß darauf geachtet werden, daß sie nicht unnötig gekränkt und gedemütigt werden, da vermutlich ihr Selbstwertgefühl bereits äußerst gering ausgeprägt ist. Andererseits ist es wichtig, mit ihnen ins Gespräch zu kommen, und zwar nicht nur einmal und kurz, sondern auf einer regelmäßigen Basis. Das wird im Alltag oft schwierig sein, aber es gibt meistens Mittel und Wege, dieses Problem zu lösen. Zum einen können Schulsozialarbeiter oder Psychologen eingeschaltet werden, zum anderen muß im Kollegium über Lösungsstrategien nachgedacht werden. Die Regelmäßigkeit der Gespräche ist wichtig, um langsam Vertrauen aufbauen zu können. Lehrer genießen für gewöhnlich einen großen Vertrauensvorschuß, den sie gut für die Kontaktaufnahme einsetzen können. Wichtig ist dabei das Ernstnehmen und vor allem Wahrnehmen des Problems.

Wie Eltern sind auch Lehrer nur Menschen und haben ihre guten und ihre schlechten Tage. Zudem stehen sie nicht nur durch den Lehrplan, sondern manchmal auch durch die Vorgaben und Ansprüche der Eltern unter Druck. Je enger aber die Leistungsschraube von seiten der Eltern wie auch der Schule gedreht wird, desto höher steigt das Suizidrisiko der Schüler aus Angst vor Versagen. Sobald sie spüren, daß sie den Ansprüchen der Eltern und damit häufig auch den eigenen nicht mehr genügen können, wächst die Enttäuschung über sich selbst, und der Selbstwert sinkt. Die scheinbare Ausweglosigkeit aus diesem Dilemma, die depressive Stimmung und die Wertlosigkeit (»Ich kann ja nicht einmal gute Noten nach Hause bringen«) können schließlich zur Selbsttötung führen.

Streitlust und Aggressivität an Schulen zeigen steigende Tendenz. Mit der zunehmenden Gewaltbereitschaft in der Schule kommen auch die Lehrer in einen immer noch größer werdenden Druck: Schulstreß auf der einen Seite, Gewaltbereitschaft auf der anderen. Vor allem Jugendliche geraten häufig in einen Vergleich mit früher: »Zu unserer Zeit, da gab es das nicht! Wir wußten noch, warum wir lernen.« Genau daran krankt unsere Gesellschaft tatsächlich. Nicht die Jugendlichen selbst oder der Werteverfall bei den Jugendlichen sind die Ursache der erhöhten Aggressivität, sondern der Gesellschaftsverfall, das heißt die fehlenden Wertvorstellungen unserer Gesellschaft. Wir müssen uns zunächst selbst fragen, was wir unseren

Jugendlichen eigentlich vorleben und was wir ihnen mitgeben für ihr Leben.

Jeder, der in einer Schule arbeitet, kennt den Druck, unter dem die Jugendlichen stehen, den Druck, alles zu haben: den Gameboy, die neuesten Computerspiele, die Markenklamotten. Was gibt es noch, was man sich erarbeiten kann? Die gängige Meinung der Erwachsenen lautet: »Es geht der heutigen Jugend viel zu gut.« Aber wer erzieht die Jugend dahin?

Grundwerte, die wir den jungen Menschen vermitteln sollten, sind unter anderem Solidarität, Gerechtigkeit und Freiheit. Die Jugendlichen haben von uns aber andere Grundwerte gelernt: Wohlstand, Karriere, jung und fit bleiben. Der Versuch der Kinder und Jugendlichen, diese Werte umzusetzen, kann in Streß und Leistungsdruck sowie im Zwang münden, ständig chic auszusehen. Dies wird durch Sport, Abnehmen und extremes Schminken erreicht. Auch Gewalt bis hin zu kriminellen Handlungen ist ein möglicher Effekt.

Die Familie ist mittlerweile längst überfordert mit der ihr zugedachten Rolle. Der Druck durch die Medien, durch den Machbarkeitswahn und der Verlust vieler Werte können durch die Familie allein nicht mehr aufgefangen werden. Auch die Kirche hat nicht mehr ihren prägenden Einfluß, ganz im Gegenteil: Auch sie ist geprägt worden durch die gesellschaftlichen Veränderungen. Um so wichtiger ist die Zusammenarbeit von Eltern und Schule.

Je mehr Bedeutung die Schule für die Kinder und Jugendlichen hat, desto stärker können sie beeinflußt werden. Diese Bedeutung kann die Schule in erster Linie durch Beziehung und durch ein gegenseitiges Interesse erhalten.

Suizidalität kann auch als Unterrichtsthema eingesetzt werden. Bei jüngeren Kindern mag dies schwierig in den Schulalltag einzubauen sein, bei Jugendlichen kann dies aber im Zusammenhang mit dem Fach Ethik oder Religion geschehen. Von Bedeutung ist dabei die Offenheit, mit der die Lehrer dem

Thema begegnen. Sie können die mit Krisen verbundenen Gefühle, die Ambivalenz und Vielschichtigkeit von Gefühlen aufzeigen und gemeinsam mit den Schülern Lösungsmöglichkeiten suchen. In diesem Zusammenhang kann ebenfalls auf die Gefahren beziehungsweise die Funktion von Alkohol, Drogen wie auch Sekten eingegangen werden.

Weitere Themen können aktuelle Gedanken und Zukunftspläne der Schüler sein: Welche Anforderungen habe ich an meine Eltern, meine Eltern an mich und ich an mich? Und vor allem das Thema: Was bin ich wert, und was macht mich aus? Wie werde ich einmal erziehen, und was will ich meinen Kindern mitgeben?

Für die Schüler kann das Ansprechen der Gefühle und damit das Akzeptieren der eigenen Ambivalenz wichtig sein. Damit können sie lernen, Wertvorstellungen zu entwickeln, und ein bewußteres Wissen über das Leben und über Krisen erwerben. Statt die Kinder in den Dienst der Schule zu stellen, sollte die Schule in den Dienst des Lebens gestellt werden. Dazu müssen Schulen mehr Raum geben für soziales und kreatives Denken sowie Handeln. In einer Zeit, in der es vielen Kindern an sozialer Kompetenz mangelt, kann die Schule durch gemeinsames Handeln und soziale Gestaltungsprogramme Fähigkeiten des gemeinsamen Miteinanders fördern und unterstützen.

Was kann nun im schulischen Bereich getan werden, wenn ein Kind deutliche Alarmzeichen von Suizidalität zeigt? Die einzige Möglichkeit, die wir im pädagogischen Bereich haben, ist das Herstellen einer Beziehung.

Eine positive Beziehung können wir aufbauen, indem wir ganz grundlegend erst einmal wahrnehmen, daß ein Kind oder Jugendlicher Probleme hat. Für die meisten jungen Menschen ist es bereits sehr beeindruckend, wenn Lehrer sich auch von ihrer menschlichen und warmen Seite zeigen. Wir können die Kinder in einer ruhigen Minute einfach nur ansprechen und ihnen mitteilen, daß wir das Gefühl haben, daß irgend etwas sie bedrückt. Vielleicht wirkt allein dieser Hinweis bereits, und die Schüler schütten ihr Herz aus. In vielen Fällen werden sie ihren Kummer jedoch leugnen, manchmal aus Angst vor Konsequenzen, eventuell auch aus Scham oder Erstaunen darüber, daß sie angesprochen wurden. Welcher Grund auch immer dahinterstecken mag, die meisten Kinder sind sehr dankbar dafür, auch wenn sie es nicht immer gleich zeigen. Sie wissen, sie werden wahrgenommen – auch außerhalb des Lernbereichs.

Selbst wenn die Kinder kaum reagieren, ist dieses Ansprechen häufig doch ein erster Schritt zur Kontaktaufnahme. Mit dieser Grundlage nehmen Schüler nonverbale Kommunikation wie beispielsweise einen langen, fürsorglichen Blick der Lehrer in einem ganz anderen Kontext auf. Es ist wichtig, den Schülern zu signalisieren: »Ich nehme dich wahr, und du kannst zu mir kommen, wenn du mich brauchst!«

Hilfreich kann auch sein, auf den »Kanal« des Schülers oder der Schülerin zu achten. Auf was sprechen sie an? Auf visuelle, auditive oder haptische (den Tastsinn betreffende) Zeichen? Über seinen Hauptkanal kann man den jungen Menschen am besten erreichen.

Lehrer dürfen nicht übersehen, daß sie zentrale Figuren in der Erziehung eines jungen Menschen sind. Was die Lehrer gesagt haben, wie sie es gesagt haben und wie sie beeinflußt und angeregt haben, kann ein Leben lang bedeutend bleiben. Deshalb ist es immer sinnvoll, ein Vertrauensverhältnis zu den Kindern und Jugendlichen von Anfang an aufzubauen. Die Verbesserung der Mitarbeit der Schüler liegt auf der Hand. Zudem können mit dieser Grundlage Krisen besser überstanden werden. Dieses Vertrauensverhältnis kann auch im Sinne einer Prävention wirken und manche Krise bereits im Vorfeld abfangen.

Teil III

Nachsorge ist Vorsorge – Die Anstrengung muß sich gelohnt haben

Ein Suizidversuch hat die Wirkung eines Brennglases. Für einen kurzen Moment konzentriert sich die allgemeine Aufmerksamkeit auf das aktuelle Geschehen. Natürlich wird zunächst gefragt: »Warum hast du das getan?« Und die Antworten fallen dementsprechend aus: »Weil ich mich geärgert habe!«, »Weil er mit einer anderen geht!«, »Weil es wieder Streit gegeben hat!«, »Weil ich mich ungerecht behandelt fühlte!«, »Wegen der schlechten Mathenote!«, »Weil ich nichts mehr hören wollte!«, »Weil alles so sinnlos ist!« oder »Alle sind so gemein!«
All diese Aussagen dienen dem sozialen Umfeld zur Einordnung und zum Verstehen: »Aha, damit bist du nicht fertig geworden.« Und allzu leicht werden diese Erklärungen von außen bewertet: »Wegen so etwas bringt man sich doch nicht um.«
Nicht selten tun akut behandelnde Ärztinnen und Ärzte noch ein übriges, indem sie anhand dieser Aussagen den Suizidversuch einordnen. Sie sprechen dann vom »demonstrativen«, »appelativen«, »depressiven« oder »ambivalenten« Suizidversuch. Diese Zuordnung entspricht dem Bedürfnis, möglichst rasch Überblick und damit Handlungsspielraum zu haben. Diese Diagnosen scheinen sich dann auch für alle Beteiligten entlastend und beruhigend auszuwirken.
Häufig wird die Menge der geschluckten Tabletten als Gradmesser gewertet, wie ernst der Versuch zu nehmen sei. Und

je harmloser die Suizidmittel und die dazu gemachten Aussagen eingestuft werden, um so größer ist die Gefahr der Unterschätzung. Wenn dann noch vom »jugendlichen Ausrutscher« oder von »kindlicher Überreaktion« gesprochen wird, ist nur allzuleicht der Weg gebahnt, möglichst schnell zum Alltag zurückzukehren – was dem Wunsch der Jugendlichen und ihren Eltern nicht selten sogar entgegenkommt: »Nur nichts mehr davon hören, nichts dazu sagen müssen. Es ist ja noch mal gutgegangen, das alles läßt sich einrenken und zurechtbiegen.«

Der Alltag läuft wieder in seinen vertrauten und gewohnten Bahnen und enthebt die einzelnen des Nachdenkens und Innehaltens. Es gibt scheinbar so viel Wichtiges, beispielsweise schon längst zugesagte Termine, die man jetzt auch nicht absagen möchte. Und je schneller die Tochter oder der Sohn wieder zu Hause ist, um so weniger fällt das Geschehen auf, und es kann dem neugierigen Nachfragen der Familie, der Nachbarschaft, der Kolleginnen und Kollegen und dem Freundeskreis der Kinder aus dem Weg gegangen werden.

Im Klinikalltag hören wir häufig Aussagen wie diese: »Daß so etwas bei uns vorkommen könnte, das war doch außerhalb unserer Vorstellungen. Das paßt nicht zu uns. Das kommt von dem schlechten Umgang.« Scheinbar sind immer die Einflüsse von außen schuld. Es sind die schlimmen Nachrichten oder Filme, die Texte der Lieblingspopgruppen und diese entsetzlichen Poster und Zeitschriften.

Wenn die Konsequenz suizidaler Problemlösungsversuche aber Peinlichkeit und möglichst rasches Beiseiteschieben und Vergessen heißt, dann hat sich der verzweifelte Schritt, der Hilferuf nicht gelohnt, dann wurde nicht gehört, was jemand eben nicht sagen konnte. Dann hat die Sorge um die Suizidalen – die Nachsorge – wenig Chancen.

Klinikaufenthalt

Aufnahme und erste Reaktionen

Die Aufnahme in die Klinik erfolgt entweder durch den Notarzt und Notarztwagen, oder die Kinder und Jugendlichen werden von Eltern, Verwandten, Nachbarn oder Freunden gebracht. Häufig werden sie über zu Rate gezogene Hausärzte angekündigt. Bereits bei der Aufnahme in die Klinik beginnt die »nachgehende Sorge«. Der Suizidversuch ist zwar der Versuch eines einzelnen Menschen, aber schlaglichtartig erhellt er doch das ganze Umfeld, in dem der Betroffene lebt. Betroffen sind alle, die mit diesem Menschen in Beziehung stehen oder aktuell in Beziehung kommen.

Kinder mit Vergiftungen kommen in der Regel in die Kinderklinik. Jugendliche mit selbstschädigenden Handlungen werden in die innere Notaufnahme beziehungsweise Intensivstation aufgenommen. Dort wird dann alles Weitere vorbereitet.

Ist bereits bekannt, um welche Medikamente oder Giftart es sich handelt, wird nach Risikofaktoren und Nebenwirkungen in der *Roten Liste*, einem Nachschlagewerk über Zusammensetzung und Wirkungsweisen von Medikamenten, geforscht. Handelt es sich um Verätzungen beispielsweise der Speiseröhre, werden je nach Schweregrad der Verletzung weitere Disziplinen, zum Beispiel Anästhesie und/oder Chirurgie angefordert. Bei Tablettenvergiftung wird der Magen ausgepumpt. Diese Situation ist für die Eltern besonders belastend, wie ein böser Traum.

Kommen Kinder oder Jugendliche bei klarem Bewußtsein in die Klinik und ist der Schaden überschaubar, bekommen sie bei Vergiftungen Mittel, die das Erbrechen anregen. Diese Mittel trinken zu müssen, ist für viele Kinder und Jugendliche äußerst unangenehm: Sie erleben das Erbrechen*müssen* als eine neue Art Verfügungsgewalt anderer über sich selbst, eine Gewalt, die in vielen Fällen bereits vorher in anderer Form stattfand. Denn bis zur Klinikaufnahme gab es bereits unterschiedliche Reaktionen der Umwelt. Das reicht von verbalen und gelegentlich auch handfesten Beweisen der Empörung bis hin zu totaler Fassungslosigkeit, zum psychischen Ausnahmezustand. Häufig gehen dem Suizidversuch schlimme Streitereien, Auseinandersetzungen mit Handgreiflichkeiten, Ausgangsverbote und Eingriffe in die Autonomie der Suizidalen voraus (zum Beispiel Tagebuch lesen, Briefe öffnen, Schultaschenkontrolle, Gerede mit der Nachbarin über intime, nur die Jugendlichen betreffende Angelegenheiten).

Muß die oder der Suizidale aus Gründen medizinischer Notwendigkeit einen Schlauch schlucken, bewahrheiten sich tragischerweise die von Erwachsenen in ihrer Hilflosigkeit angedrohten Prophezeiungen: »Du wirst schon sehen, was die da mit dir machen – aber du bist selbst schuld, das hättest du dir und uns ersparen können.«

Die Anspannung auf beiden Seiten, der Suizidalen und der Eltern, zeigt sich dann in der Klinik als Hilflosigkeit mit großen Anteilen an Vorwurfs- und Schuldgefühlen. Häufig ist die Stimmung untereinander derart aufgeladen, daß sich Ärztinnen, Ärzte und Pflegepersonal – vielleicht selbst gerade angespannt – dem unausgesprochenen Ärger und Unmut schwerlich entziehen können. In diesem Moment kann es auch passieren, daß mit den jugendlichen Urhebern der Situation nicht eben zimperlich umgegangen wird, was zum Beispiel das Schlauchschlucken, das Tropfanlegen oder das Entfernen von Fremdkörpern aus dem Körper (zum Beispiel Nadeln) anbelangt. Eine kaum wahrnehmbare Strafsituation ist hier nicht ganz von der Hand zu weisen.

Die körperliche Verfassung der Suizidalen ist in der Regel sehr angeschlagen. Den meisten ist übel, und sie leiden an Schwindel und übergroßer Müdigkeit. Das Eindringen in ihren Körper mit Schlauch und/oder Injektionen wird zusätzlich als Belastung erfahren. Kommen dann noch von Ärzten oder Pflegenden abfällige, wenig überlegte oder kontrollierte Bemerkungen, Nachfragen und Bewertungen kränkender und achtloser Art hinzu, wird die lebensrettende Aktion als zweifelhaftes, zumindest aber als nicht besonders ermutigendes Unterfangen empfunden. Hier prallt die Machtstruktur suizidaler Handlungsweisen mit der mächtigen medizinischen Kompetenz ohne Abstand gewährende Abfederung aufeinander.

Zur Rechtfertigung dieser Atmosphäre wird häufig mit Abschreckung argumentiert. Doch ein erzieherischer Wert kann dieser Behandlung nicht zuerkannt werden. Jugendliche sprechen hier von Erfahrungen und Gefühlen wie »ausgeliefert sein«, »saublöd angesprochen worden sein« oder »Einmischung in Belange, die nur mich etwas angehen«. Was noch als beeinträchtigend hinzukommt und als Verletzung eigener Gefühle empfunden wird, ist das Öffentlichmachen ihrer intimsten Gefühle, zum Beispiel durch Zitieren eigener Briefe, in denen andere über sie, aber nicht mit ihnen reden. Hier wird ihr Schamgefühl in besonderer Weise verletzt.

Das grelle Licht der Aufnahmestationen oder die laute, durch ständige Aktivität gekennzeichnete Atmosphäre der Intensivstation läßt die Betroffenen nicht zur Ruhe kommen. Für die notwendige Entspannung gibt es keinen Raum. Erst die Verlegung auf eine Normalstation kann hier dem Bedürfnis nach Ruhe – in Ruhe gelassen zu werden – Rechnung tragen.

Sind die Patientinnen und Patienten an einen Herzmonitor angeschlossen oder ist der Magen ausgepumpt, das heißt die akute Gefährdung eingegrenzt und die Überwachung gewährleistet, tritt bei allen Beteiligten eine Erschöpfungsphase ein.

Reaktionen des Klinikpersonals

Die Klinik sieht ihren Auftrag in der Versorgung von kranken Menschen. Suizidales Geschehen wird trotz aller Aufklärung auch bei medizinischen und pflegenden Kräften immer noch eher als »medizinischer Kundendienst« empfunden. Diese Menschen sind im rein medizinischen Sinne nicht krank. Sie haben sich oft mit Mitteln, die zur Heilung beitragen sollen, selbst krank und der Hilfe, ihrer Hilfe, bedürftig gemacht. Angesichts der sogenannten unverschuldeten Erkrankung anderer Menschen kommt es zu einer fragwürdigen Klassifizierung der Patientinnen und Patienten, wenn nicht eine bewußte Bearbeitung bei Ärzten und Pflegenden stattfindet.

Dies findet seinen Niederschlag in Bemerkungen wie »Mit so wenig Tabletten kann man sich nicht umbringen, das müßtest du doch wissen!« oder »Solche Kratzer reichen aber nicht aus, um sich die Pulsadern zu öffnen.« Diese Patientinnen und Patienten werden vermutlich weniger ernst- und wahrgenommen und möglichst rasch weitergeleitet beziehungsweise entlassen.

Der medizinische Alltag, der aktuell rasche Entscheidungen fordert, benötigt klare Fach- und Handlungskompetenz. Da geraten psychische Momente bei Ärzten und Patienten zum Teil zurecht in den Hintergrund. Die unselige Trennung von Körper und Psyche in der Krankenhausroutine wird bei der Versorgung von Suizidpatientinnen und -patienten jedoch schmerzlich erfahren. Auf die Psyche wird hier wenig Wert gelegt.

Daß es auch ganz einfühlsame und behutsame Vorgehensweisen gibt, wollen wir nicht unerwähnt lassen. Doch wir halten es für wichtig, das rigide Vorgehen und Verhalten deutlich zu benennen, das in unserem anonymen, eher einem Industrieunternehmen gleichenden Krankenhausbetrieb in der Regel angetroffen wird. Die Gefahr der vorschnellen Beurteilung, die zusätzliche Verletzungen setzt, ist groß.

Die Art der Versorgung von Suizidalen ist auch Ausdruck und Hinweis darauf, wie ernsthaft sie tatsächlich gewünscht, wie deren Leben geachtet und wie dem Wohlergehen der Suizidalen erste Priorität eingeräumt wird.

Das Aufwachen

War in der aktuellen Versorgungssituation für die Helfer rasches Handeln ohne Zeitverlust angesagt, verkehrt sich jetzt die Zeitqualität für die Betroffenen und die Helfer ins Gegenteil. Häufig sind die suizidalen Patientinnen und Patienten erschöpft oder durch die eingenommenen Mittel somnolent, das heißt schläfrig, oder sie befinden sich in einem bewußtlosen Zustand beziehungsweise in einem Tiefschlaf. Diese Ruhe nach dem Sturm ist trügerisch, denn niemand weiß, welche körperlichen Schäden unter Umständen zurückbleiben.

Es kommt immer wieder vor, daß die Betroffenen gar nicht so schnell zu sich kommen wollen. Sie wären vom physischen Ablauf her längst wieder ansprechbar, aber wie in einer Art »Dornröschenschlaf« können oder wollen sie sich der Konfrontation mit der Realität entziehen, noch nicht hinschauen, Kontakt aufnehmen oder reagieren.

Es ist wichtig, ein langsames Zurückkehren der Suizidalen zuzulassen. Wir können annehmen, daß alles, was um die Person, um ihr Bett herum geschieht, akustisch wahrgenommen wird. Wie durch einen Schleier, eine Art schützenden Nebel, dringen zu ihr vertraute Stimmen vor. Die meisten jungen Menschen berichten im nachhinein, daß es wohltuend war, sich ganz langsam, ohne gedrängt zu werden, der versorgenden Pflege und Fürsorge zu überlassen. So können selbst Jugendliche, die sich sonst bewußt abgrenzen, eine vorsichtige, behutsame Berührung oder das Streicheln der Hand oder des Haares zulassen.

Respekt und Achtung der Helfenden und der Eltern in Sprache und körperlichem Kontakt sind gerade in solchen Momenten entscheidend dafür, wie das Erwachen gelingt und welche Erfahrungen hier gemacht werden. Aber es ist nicht die Norm, daß solche Patientinnen und Patienten in ruhiger und beruhigender Umgebung zu sich kommen können. Häufig findet der umtriebige Klinikalltag mit nicht unerheblicher Geräuschkulisse auch anderer Patientinnen oder Patienten und deren Begleitpersonen in unmittelbarer Nähe des Bettes statt. In der benebelten Stimmung kann es hilfreich sein, wenigstens einen Platz an einer Zimmerseite oder am Fenster zu haben. So können die Suizidpatienten sich immer noch zur Wand drehen, auf Sprachkontakt verzichten oder den Blick aus dem Fenster schweifen lassen. Wenn Angehörige ganz selbstverständlich bei ihrem Kind bleiben, kann dies nur ein gutes Zeichen für eine weitere positive Annäherung sein, vorausgesetzt, das Konfliktpotential als Auslöser hat an Gewicht verloren. Wichtig ist ein Raum, in dem Eltern ungestört mit ihrem Kind sprechen können. Kinder und Jugendliche, die ohne Begleitung aufwachen und mit ihnen unbekannten Menschen zurechtkommen müssen, sind in einer vollkommen anderen Situation. Diese Kinder und Jugendlichen leisten seelische Schwerstarbeit, weil zur räumlichen und situativen Fremdheit noch fremde Gesprächspartnerinnen oder -partner hinzukommen. Und selbst bei aller Behutsamkeit von Pflegenden, Psychologen und Sozialpädagogen ist es schwer, die jetzt hilfreiche Sprache und Annäherung zu finden. In solchen Momenten der Neuorientierung sind klare Aussagen wichtig wie »Du bist wieder wach!«, aber auch vorsichtige Annäherungen wie »Ich glaube, bei dir dreht sich wohl noch alles im Kopf!« oder »Du bist wohl noch sehr müde?« Selbstverständlich sollte die Anrede mit dem Vornamen geschehen bei gleichzeitiger Nennung des eigenen Namens und, ganz wichtig, es sollte gesagt werden, in welcher Funktion hier jemand am Bett steht.

Die Kontaktaufnahme

Sind die jungen Menschen erst einmal zu sich gekommen, sind erste konkrete Angebote möglich. Bei jüngeren Kindern stellt der Hinweis auf das Spiel- und Beschäftigungsangebot eine mögliche Brücke dar. Ein bereits mitgebrachtes Kuscheltier oder Comic-Heft kann hier hilfreiche Dienste leisten.

Die Kontaktaufnahme zu den Jugendlichen stellen wir ausführlicher dar, da bei ihnen die Annäherung eher über konkrete Gesprächsinhalte und realistische Alltagsbezüge erfolgt. Die Suizidanten müssen sich ernstgenommen fühlen und die ehrliche, zugewandte und offene Gesprächsbereitschaft des Gegenübers spüren. »Ich weiß, daß du Tabletten genommen hast. Für dich muß es wohl ganz schwierig sein, mit allem zurechtzukommen. Wenn du willst, kannst du dich mit mir darüber unterhalten, ich möchte dir zuhören. Wenn du schon aufstehen kannst, können wir in mein Zimmer gehen, da sind wir ungestört.«

So oder ähnlich kann ein Einstieg geschehen, dessen Gelingen oder Annahme unwägbar ist, weil sich der suizidale Mensch selbst entscheidet, wem und wann er sich anvertrauen und öffnen will. Zu rasches, forsches oder forderndes Vorgehen könnte die Zurücknahme etwaiger Gesprächsbereitschaft zur Folge haben. Die gewünschte Vertrauensbasis bedarf kleiner, unscheinbarer Signale und Erfahrungen.

Auf die Frage, was eine Jugendliche bewogen hat, sich auf ein Gespräch einzulassen, kam eine ganz einfache Erklärung: »Sie standen an meinem Bett und haben mich angeschaut, und als ich weinen mußte, haben Sie mir Ihr Taschentuch gegeben. Das war toll.«

So unterschiedlich die Kinder und Jugendlichen sind, so unterschiedlich sind auch ihre Verhaltensweisen in der ersten Kontaktaufnahme. Reaktionen wie totale Ablehnung, Schweigen oder Vorwürfe haben ihre Daseinsberechtigung. Auch sie stellen eine Art Informationsquelle für die weitere Begleitung und die Einschätzung weiterer Nachsorgeschritte dar.

Konflikte können entstehen, wenn Jugendliche Anpassungsschwierigkeiten haben, zum Beispiel auf der Station rauchen oder mit ausfälligen Bemerkungen das eigene Freiheitsbedürfnis kundtun, indem sie medizinische Anweisungen negieren. Hier Grenzen zu setzen, ist heikel und notwendig zugleich. Klare Grenzsetzungen und Strukturen sind aber Voraussetzungen für eine nachsorgende Arbeit, die von Verträgen, Abmachungen und Übereinkünften geprägt sein wird und muß. Die Arbeit mit Jugendlichen erweist sich aufgrund ihrer pubertären Struktur oft als besonders problematisch. Die richtige Mischung aus persönlichem Engagement und Kontaktangebot und die Aufrechterhaltung eines für alle Beteiligten akzeptablen, aber eindeutigen Rahmens der Zusammenarbeit benötigt eine große Portion Gelassenheit, Verständnis, Einfühlungsvermögen und Wartenkönnen. Aber auch Humor ist wichtig, wo alles in Depression und Tragik zu versinken droht.

Die Gesprächsbereitschaft der Jugendlichen

Als Mitarbeiterinnen in der Nachsorge machen wir immer wieder die Erfahrung, daß ein großer erster Schritt getan ist, wenn sich Jugendliche auf ein Gespräch im abgeschirmten, geschützten Raum einlassen. Wichtig ist dabei in jedem Fall der Hinweis auf die eigene Entscheidung zum Sprechen, Schweigen oder Ablehnen von Fragen.

Um den Einstieg, den Gesprächsbeginn, für die Jugendlichen zu erleichtern, erzählen wir, was wir von ihnen wissen, sagen offen, welche Informationen wir von den Ärzten, Schwestern und Pflegern, eventuell auch von den Eltern, Lehrern oder Freunden haben. Wir bitten die Jugendlichen, ihre Meinung und ihre Sichtweise darzustellen, die denen der Erwachsenen durchaus widersprechen kann. Zugleich ist es wichtig, an der konkreten Realität der Jugendlichen zu bleiben, das heißt, die Informationen über ihre Familien-, Schul- und Freundschaftssituation so selbstverständlich und wertfrei wie möglich aufzuzeigen. Dabei fließen in unser Gespräch auch die Fragen nach der Vergangenheit – bisher Erlebtes und Erfahrenes – und auch die Träume und Vorstellungen für die eigene Zukunft ein. Daraus ergibt sich beinahe zwangsläufig das Betrachten der aktuellen Situation, aufgrund derer wir uns begegnet sind.

In der Regel tritt bei den Betroffenen eine spürbare Erleichterung ein, wenn sie merken, daß sie viel erzählen können, auch die banalsten Dinge. Fühlen sich die Jugendlichen angenommen und ernstgenommen, können sie die Tür ihrer Gefühlswelt weit öffnen und bleiben nicht an vordergründigen Erklärungen hängen, wie sie eingangs dargestellt wurden.

Wie viele Verletzungen, Machtstrukturen, Ungerechtigkeiten und Belastungen Kinder und Jugendliche ausgehalten haben, bis sie buchstäblich nicht mehr konnten, widerlegt die Annahme der unbeschwerten Kindheit und der heiteren Jugend. Die Jugendlichen sind voller Kummer, voller unerfüllter Hoffnungen und Träume. Ihr ganz natürliches Recht auf Annahme und zwischenmenschliche Verläßlichkeit, nach Bestätigung ihres Wertes und ihrer Einmaligkeit hat sich nicht verwirklicht. Schließlich kommt der Punkt, wo das, was sie als Lösung schon lange vorher in Erwägung gezogen haben, zur endgültigen Realität wird.

Bei Jugendlichen schwingt vermutlich eine Fülle von Allmachtsphantasien, von abgehobenen Vorstellungen mit, wie Familien- und Freundschaftskonflikte zu lösen und unliebsame Aufgaben in Haushalt und Schule abzuwälzen seien. Natürlich sind die Erwartungen, wie sich andere verhalten und auf eigene Bedürfnisse einstellen sollten, zum Teil überzogen. Bei genauer Überprüfung steht die Wut und die Aggression gegenüber Autoritäten in keinem Verhältnis zu Ursache und Wirkung.

Trotzdem wirkt es für die Suizidanten befreiend, über ihren Kummer zu klagen, ohne Sorge vor Sanktionen haben zu müssen. Die zunehmende Sicherheit macht sich an der stabiler werdenden Stimme, an der eher aufrechten Sitzhaltung und an der gesamten Mimik und Gestik bemerkbar.

Häufig erübrigt sich die Frage nach weiter bestehender Suizidalität, da die Jugendlichen selbst ihre Lebensbezüge sehr klar definieren und froh sind, sie endlich benennen zu können. Dennoch können wir kaum eine eindeutige Aussage treffen, und die jungen Menschen müssen weiterhin in ihrem suizidalen Tun und in ihrer Weltwahrnehmung sehr ernst genommen werden.

Die Vorstellung bei einer Jugendpsychiaterin oder einem Jugendpsychiater mit der Bitte um Einschätzung der aktuellen Gefährdung der Jugendlichen und einer möglichen Wiederholungsgefahr ist in vielen Fällen unumgänglich. Ferner muß abgeklärt werden, in welchem Rahmen die Nachsorge geschehen soll. Dies kann bei weiterhin akut gefährdeten Jugendlichen unter Umständen eine sofortige stationäre jugendpsychiatrische Aufnahme bedeuten. In anderen Situationen wird eine ambulante Behandlung oder Betreuung bei einem niedergelassenen Jugendpsychiater oder Kinder- und Jugendpsychotherapeuten angeraten sein.

Wir versuchen Jugendlichen klarzumachen, daß ein Suizidversuch eine Grenzüberschreitung in der Bewältigung von Konflikten darstellt, die niemand hinnehmen kann. Entweder haben die Jugendlichen noch nicht gelernt, mit Konflikten adäquat umzugehen – dann handelt es sich um ein soziales Lerndefizit –, oder sie haben ein falsches, nicht sinnvolles und nicht hilfreiches Umgehen mit Konflikten erworben und brauchen andere Vorstellungen, Strategien und Vorbilder sowie die Ermutigung, diese auszuprobieren. Das Entscheidendste ist jedoch immer wieder: Sie müssen ihren eigenen Wert erkennen. Der Umstand, daß sie oder er einzigartig ist, ist bei einem suizidalen Menschen eine lebensnotwendige, ja lebensrettende Information.

Um so eine Aussage machen zu können, bedarf es eines beinahe unglaublichen Vertrauens in das Leben – in das Leben als Beratende als auch in das des suizidalen Menschen: »Weil du wichtig bist, muß alles getan werden, damit du gut leben kannst.« Und deshalb die Aussage: Es muß sich gelohnt haben, das Leben in Frage gestellt zu haben.

Daran binden sich unweigerlich klare Fragen, die vielleicht zunächst nur ein Angebot darstellen und später dann zu realisierenden Aufgaben werden: »Was willst du tun? Was kannst du beitragen? Welche eigenen Mittel und Wege kennst du? Was – ganz konkret – ist schlimm und muß sich ändern? Wer? Welche Umstände? Was glaubst du, kannst du bei dir selber ändern, womit möchtest du beginnen? Mach dir Gedanken darüber, was sich ändern muß und was du dazu beitragen willst.« – »Schreib einen Brief! Wem möchtest du etwas sagen?« Das sind ganz konkrete Aufgaben, die die Jugendlichen an ihre Realität heranführen und sie zugleich mit gedanklicher Handlungskompetenz ausstatten. Jugendliche können dies als hilfreiches Instrument des eigenen Klärens von Anspruch und Wirklichkeit nützen. Sie können so ein Stück Flexibilität gewinnen, wo vorher eher das Gefühl, »am Ende der Fahnenstange« angelangt zu sein, das Denken eingeengt und die Bewegungsfähigkeit eingeschränkt hat.

Dies alles sind Beispiele zur Aktivierung der Jugendlichen, vorausgesetzt, sie sind in der Lage, auf diese Angebote einzugehen. Wenn die jungen Menschen im Gespräch noch nicht soviel Offenheit über die eigene Person und die Probleme wagen, kann auch das Sprechen auf Kassette eine hilfreiche Möglichkeit bieten. Kinder schreiben gern mit einer Schreibmaschine und fördern damit oft erstaunliche Erkenntnisse und Einsichten zutage. Darüber hinaus bieten Phantasiegeschichten, Märchen oder eigene Geschichten weitere gute Kontaktchancen.

Wenn ein Entwickeln eigener Vorstellungen, Bilder und Lösungsmöglichkeiten angestoßen und angenommen wird, können die Jugendlichen Kompetenz für das eigene Ich entfalten. Diese neue Erfahrung geistiger Beweglichkeit im Denken, Sprechen oder Aufschreiben macht das kreative Moment deutlich, dem wir in Krisenzeiten hohen Stellenwert einräumen. Sie ermöglicht einmalige und unverwechselbare Authentizität: »Ich kann wieder denken und Schlüsse ziehen, mir fällt wieder etwas ein.«

Wenn Gespräche mit Jugendlichen und Helfenden so verlaufen, ist ein Draht zueinander entstanden, an dem sich weiter anknüpfen läßt. Ihr Verlauf ist nie voraussagbar. Das erste Gespräch ist ein Ausnahmezustand, und es dominiert Orientierungslosigkeit mit Gefühlen wie Abwehr und Angst vor erneutem Authentizitätsverlust. Die jungen Menschen haben Sorge, schon wieder bevormundet zu werden. Unausgesprochen steht die Frage des Vertrauens zum Helfenden im Raum. Wieder sitzen die Jugendlichen Erwachsenen gegenüber, die mit Autorität und Kompetenz ausgestattet sind. Warum sollten die Jugendlichen ausgerechnet ihnen glauben? Da ist Mißtrauen und Zurückhaltung eher angebracht als Kooperation, zumal es ohne Fragen der Erwachsenen nicht abgeht.

Viele Jugendliche können kaum glauben, daß sich hier wirklich jemand ernsthaft für sie interessiert. Sie haben eher gelernt, einen wehrhaften Panzer um sich herum zu haben. Viele sitzen mit angezogenen Knien und vor der Brust verschränkten Armen da, Hände und Finger fest zusammengepreßt, den Blick abgewandt.

Das Ganze gleicht einem Ritual mit Schweigen, kurzen und gelegentlich schnippischen Antworten, oder die Jugendlichen reden in Kürzeln, die zu entziffern es eines besonderen Ohres und Sprachverständnisses bedarf. Häufig ist die Stimme so leise und die Sprache so verworren, daß kaum der Inhalt des Gesagten verstanden wird. Nur mit genügend Zeit und Gelassenheit für das Gespräch können die Jugendlichen allmählich gewonnen werden.

Ein hingeschobenes Taschentuch oder ein Glas Wasser können äußere Hilfsmittel auf dem Terrain des behutsamen Kontaktes sein. Gerade Jugendliche, die häufig soziale Aufmerksamkeit gegenüber ihrer Person im sonstigen Alltag entbehren, bemerken diese kleinen Gesten. Sätze wie »Wenn du was von mir wissen willst, dann frage!« oder »Du kannst ja nicht wissen, mit wem du es hier zu tun hast!« können ebenfalls eine Art verbale Handreichung der Helfenden darstellen. Was auch immer Jugendliche sagen oder schreien – wichtig ist, daß wir ihnen glauben. Sicherlich werden sich im Lauf der Zeit manche Informationen verschieben, weil Details verschwiegen, vergessen oder für nicht wichtig erachtet wurden. Trotzdem müssen wir ihnen ohne Vorbehalt zuhören können. Nur so werden wir wirklich etwas über ihre Gefühle, ihre Wahrnehmung und ihre Lebenseinschätzung erfahren, und nur so können sich die Jugendlichen im Gespräch angenommen fühlen. Ohne diese Ebene ist Nachsorge illusorisch.

Wenn Leben wieder verbindlich und verläßlich werden soll, müssen Suizidant und Suizidversuch wirklich ernstgenommen werden und dürfen die Motive nicht als nicht ausreichend oder nicht gerechtfertigt eingestuft werden.

Im Gespräch müssen die Jugendlichen wieder Interesse an ihrer eigenen Weiterentwicklung gewinnen. Kompetenz wird nur dort entwickelt und erfahren, wo sie zugetraut und zugemutet wird, und dies ist die Aufgabe der Helfenden. Die Übernahme individueller Verantwortlichkeit stellt gerade in suizidalen Krisen einen Schritt in selbstgewonnene beziehungsweise selbstausgelöste Autonomie dar. Daß dies mit Ängsten und Unsicherheiten verbunden ist, steht außer Frage. Das Ausprobieren der neuen Schritte heißt nicht selten zwei vor und einen zurück. Die Zusicherung an Jugendliche, lernen zu dürfen, auch versagen zu können, ohne alles über Bord werfen zu müssen, ist von fundamentaler Wichtigkeit. Jugendliche haben das Recht auf die Erfahrung, daß sie auf eine unerschütterliche Kraft und eine ureigene Stärke in sich selbst vertrauen können. Diese Stärke aufzuzeigen, ist Aufgabe der Nachsorge. Aber sie werden nichts erfahren, wenn sie mit Hilfe lebensgefährdender Mittel einen Weg suchen. Sie müssen damit konfrontiert werden, daß dieser Weg nicht gehbar ist. Zur Nachsorge gehört vor allem die kreative Aufarbeitung des Geschehenen. Einerseits sollten die Eltern und Jugendlichen über den Schicksalsschlag, dem sie gerade eben entkommen sind, trauern können, andererseits aber auch Träume, Lebensvorstellungen und Planungen entwickeln. Gemeinsam mit den Eltern können Jugendliche freier, das heißt auch unbelasteter die Lebensläufe und Lebensentwürfe ihrer mittelbaren und unmittelbaren Umwelt anschauen.

Das Elterngespräch

Der Suizidversuch eines Kindes oder eines Jugendlichen gehört wohl zu den schmerzlichsten Erfahrungen, die Eltern machen können. Sie, die diesem Leben zur Existenz, zum Sein verholfen haben, müssen erfahren, wie sich elterliche Macht und elterliche Kompetenz in Ohnmacht verkehrt.

Für Helfende von außen ist es eine unerläßliche Voraussetzung jeglichen Gesprächsangebots, das Beziehungsgefüge der Eltern wahrzunehmen. Diese erste Begegnung zwischen Eltern und Klinikpersonal kann ausschlaggebend für alle weitere Sorge um die Suizidalen sein. Denn wie ernstgenommen und verstanden Eltern sich selbst in der unfaßbaren Situation fühlen können, ist wichtig zur Öffnung und Bereitschaft einer systemorientierten Nachsorge.

Wie schon in der Akutphase der Klinikaufnahme der Suizidalen angedeutet wurde, sind die ersten Begegnungen des sozialen

Umfelds vergleichbar den Momentaufnahmen mit Blitzlicht-
effekt. Hier zeigt sich in ungeschminkter Weise, wie hilflos
Menschen nicht nur dem suizidalen Geschehen, sondern auch
einander ausgeliefert sein können. In einer Situation, in der
es für alle Beteiligten wichtig wäre, zusammenzurücken und
sich gegenseitig zu unterstützen durch Trost und Hoffnung,
begegnen wir erschreckend oft der Vereinzelung und dem
Rückzug. Viele Eltern grenzen sich ab und begegnen sich mit
einseitigen oder gegenseitigen Vorwurfshaltungen und Schuldzuweisungen. Andere können nur schweigen. Die bedrückende
Fülle von Lebensnöten, die sich am Suizidgeschehen entfachen,
wird offen ausgebreitet. Durch diese persönlichen Nöte können
Eltern oft kaum Fragen stellen, geschweige denn, weiterhelfende
Antworten für sich, die Partner oder die Jugendlichen finden.
Diese Sprachlosigkeit findet sich quer durch alle gesellschaftlichen Schichten. Sie ist ein Zeichen einer achtungslosen und
beziehungsarmen Kommunikationsform. Nicht nur die inhaltliche Information, auch das soziale Moment der Sprache ist
eine Aussage und gibt Einblick in die seelische Heimat der
Jugendlichen. Daneben gibt es aber ebenso die Sprache, die
die Jugendlichen selbst als »Gelaber« bezeichnen. In ausladender
und überschwemmender Weise wird Verständnis signalisiert,
viele Absichtserklärungen und Beteuerungen werden kundge-
tan, aber wirkliche Berührung ist nicht zu spüren. Hier erleben
wir die Abgrenzung auf die »sanfte« Art.
Bei all dem ist es wichtig, auch die Eltern so anzunehmen,
wie sie sind, und sie wiederum mit ihren Problemen ernst zu
nehmen. Nur so können sie sich ihrer Tochter oder ihrem
Sohn wie auch den Helfenden öffnen.
Ziel der Gespräche ist es, den Eltern zu erklären, wie bedeutend
der Respekt gegenüber der Persönlichkeit ihrer suizidalen
Kinder ist. Die Vermittlung dieses Respekts ist manchmal
schwierig, beispielsweise wenn Eltern zum Gespräch kommen
und das Tagebuch der Tochter mitbringen. Die Mutter hat es

mit »voller Berechtigung« im Zimmer der Tochter gesucht und gelesen. Jetzt hat sie scheinbar das Recht und die Pflicht, zu wissen, was die Tochter denkt und der Mutter vorenthält. Oder es werden die Briefe mitgebracht, die die Jugendlichen von intimen Freundinnen oder Freunden bekamen. Dieses angeblich berechtigte Eindringen in die langsam beginnende Autonomie und Intimsphäre von Jugendlichen wird als elterliche Macht erlebt. Diese Vorgehensweise hat aber nichts zu tun mit Achtung und Achtsamkeit, derer der erwachsen werdende Mensch so dringlich bedarf.

Im Elterngespräch müssen sich die Berater darüber im klaren sein, daß die meisten Eltern aufgrund ihrer unsagbaren Angst um die Kinder oder Jugendlichen handeln. Zugleich erleben sie sich in diesem Moment als macht- und hilflos. Und hier tritt ein Vertrauensmangel zutage, der bei Eltern wie bei Jugendlichen immer wieder die gleiche Grundfrage anstößt: »Wie wichtig bin ich dir – bin ich euch?«

Rollenverhalten von Müttern und Vätern

Dieses Gefühl, wichtig zu sein, bedarf der Bestätigung; und je jünger ein Mensch ist, um so deutlicher werden Wichtigkeitssignale und -beweise benötigt. Das Dilemma der Familie ist häufig, daß *alle* Mitglieder unter dem Mangel an Zuwendung und Bedeutung leiden. Gebunden in die vorgegebene Rolle wird von der Mutter alles erwartet, was den Innenbereich der Familie, das Wohlergehen und den alltäglichen Ablauf mit allen Fundamentalforderungen anbelangt. Wenn etwas mit den Kindern nicht erwartungsgemäß läuft, sind es die Mütter, die in der Regel in der Schule, in der Klinik und in der Nachbarschaft angesprochen werden. Sie sind es, die am Bett der Jugendlichen sitzen und die sich allzu bereit als Schuldige fühlen.

Zu diesen permanenten Schuldgefühlen tragen letztendlich auch zu buchstabengetreue psychologische Auslegungen bei, die auf die enge – ausschließliche – Mutter-Kind-Verbindung verweisen. Die Mutter als Empfangende und Gebärende von neuem Leben hat natürlich die größte Nähe zum Kind. Aufgrund dieser Nähe wird häufig eine totale mütterliche Verantwortung für alle Lebensbelange von Kindern erwartet. Das ist aber nur leistbar, wenn diese Mutter ihrerseits einen Ort zuverlässiger und verbindlicher sozialer und materieller Absicherung besitzt. Solche Alleinverantwortung der Mütter ist nicht wünschenswert, weil sie Väter ausgrenzt oder sie ganz legitim aus der elterlichen Beziehungsarbeit entläßt. Aufgrund der Arbeitsteilung ist es den Männern beziehungsweise den Vätern nach wie vor möglich, sich aus dem nicht immer nur befriedigenden und erfreulichen Erziehungsgeschäft ihrer Kinder herauszuhalten.

In der Nachsorge laufen Gespräche mit Eltern häufig darauf hinaus, daß Väter die Erwartung haben, es solle jetzt von außen für Ordnung gesorgt und den Kindern deren »Flausen« ausgetrieben werden – wenn schon nicht von den Eltern, so doch wenigstens von den zuständigen Leuten. Väter sind es in der Regel gewohnt, ihre Erwartungen wortgewaltig zu verdeutlichen. Sie tun das in ihrer Familie ebenso selbstverständlich wie an anderen Orten. Wenn Väter auf ihren Part angesprochen werden, erschöpft sich ihre Vorstellung in Forderungen an die Mutter, an die Tochter oder den Sohn und an die Mitarbeiterinnen und Mitarbeiter in der Nachsorge. Für viele Väter stellt sich gar nicht die Frage, ob ihr Verhalten überprüft und vielleicht verändert werden müßte. Für sie scheint alles klar, und es bedarf keiner Überlegung. Angesprochen auf ihre eigenen Bedürfnisse, unabhängig von Partnerin und Nachwuchs, geht gelegentlich eine Tür zum tiefvergrabenen Gefühl von Lebensdefiziten auf. Manches war ursprünglich so anders gedacht und geplant gewesen. – »Aber da muß man eben durch – das hat eben alles keinen Zweck.«

Männer haben in der Regel nach wie vor Probleme mit ihren Gefühlen. Sie drücken eine aufkommende Trauer, die ihnen vielleicht auch guttäte und weicher mit sich selbst umgehen ließe, lieber weg. Viele Väter versuchen rasch wieder die Gesprächsebene zu erreichen und lieber die äußeren Dinge und Themen wie den Hausbau, die Schulden und die Sorge um den Arbeitsplatz zu berühren. Allzuoft enden solche Gespräche mit: »Es hat gutgetan. Aber jetzt kümmern Sie sich um die beiden. Ich muß weg – meine Verpflichtungen rufen.« Genau diese Väter sind es auch, die mit materiellen Antworten aufwarten und die – sollte sich tatsächlich durch Beratung »der beiden« etwas im Familiensystem verändern – mit Verboten die weitere Begleitung und alternative Entwicklungsmöglichkeiten verhindern.

Die Angst mancher Väter, Kompetenz und Machtposition zu verlieren, läßt die eigene Weiterentwicklung und Entwicklung anderer nicht zu. Persönliche Autonomie aller und individuelles Wachstum als erwünschte Entwicklung in Ehe und Familie scheinen eher ein Schreckgespenst als ein wünschenswertes Ziel zu sein.

In Elterngesprächen wird allgemein immer wieder deutlich, wie langsam sich Rollenveränderungen im Familiensystem tatsächlich durchsetzen und leben lassen.

Rollenverhalten von Mädchen und Jungen

Da sich in den letzten Jahrzehnten vorrangig die Frauenrolle verändert hat, werden auch die familiären Konflikte vehementer mit den Töchtern ausgetragen. Sie sind es meist, die das Verhalten von Vätern und Müttern nachhaltig kritisieren und entsprechend mit beiden in Schwierigkeiten geraten. Doch sie halten dem Druck der elterlichen Erziehung oft nicht stand. Mädchen neigen eher dazu, auszuweichen oder aufzugehen in ihrem Wunsch nach Anerkennung und Autonomie, indem sie über Tabletten Ruhe und kurzfristiges Aussteigen suchen. Und nicht selten sind es Tabletten (Schlaf- und/oder Beruhigungsmittel), die die Mutter schon seit langem verschrieben bekommen hat. Dieses Ruhigstellen von Frauen mittels Psychopharmaka ist bekannt, hat bislang aber noch nicht dazu geführt, gesellschaftliche Hintergründe für diese hohe Verschreibungsrate aufzudecken. Der wirtschaftliche Gewinn, den die Pharmaindustrie erzielt, und die angeblich rasche und glatte Problemlösung ist zu beachtlich, als daß ernsthaft über Wege sozialer Konfliktlösung mit anderen Mitteln geforscht und gearbeitet würde.

Psychopharmaka als Tröster und Entlaster haben eine fragwürdige Vorbildwirkung für Kinder und Jugendliche. Sie schaffen einen kurzfristigen Erleichterungseffekt und verhelfen zum Ausweichen ohne Eigenleistung. Sie unterdrücken aber die originäre Fähigkeit, Konflikte aus eigener Kraft mit selbsterarbeiteten Strategien zu bewältigen.

Auch der stellvertretend für die Mutter begangene Suizidversuch, die schon mal im Affekt gedroht hat, »Schluß zu machen«, ist durchaus realistisch. Konflikte, die zwischen Mutter und Tochter eskalieren, haben nicht selten ihre Wurzeln in unterschwellig nicht thematisierten ehelichen Konflikten oder in eigenen Lebensdefiziten der Mutter vor und während ihrer Ehebeziehung.

Die Mädchen sind heute selbstbewußter und wacher, was ihre weibliche Identität anbelangt. Auf der anderen Seite, und vielleicht damit einhergehend, nehmen psychosomatische Erkrankungen, Magersucht und Bulimie immer mehr zu. Sexueller Mißbrauch wird langsam mehr und mehr offengelegt. Wir haben schon früher oft auf den Zusammenhang von sexuellem Mißbrauch und suizidalem Verhalten hingewiesen. Denn mißbrauchte Mädchen erleben sich und ihren Körper als männlich bewertetes, benutztes, beschmutztes und verletztes Objekt. Frühe Sexualisierung, Enteignung und Vereinnahmung lassen Mädchen nicht die Erfahrung eigener, wertgeschätzter Identität und Individualität erleben und entwickeln. Anstatt diesen eigenen Körper annehmen und selbst wertschätzen zu können, gehen sie mit ihm wie mit einem fremden, nicht ihnen zugehörigen Apparat um, der nur noch auf ganz extreme Reize wie Schmerz oder Ressourcenentzug reagiert. In fataler Weise erfahren sie dabei die Macht über sich selbst im Gegensatz zu der Machterfahrung durch das männliche Geschlecht. Der Schmerz wird dadurch nicht aufgehoben, vor allem dort nicht, wo das Mädchen in einer abhängigen kindlichen Liebesbeziehung auf behütete Unversehrtheit vertraute und zerstörenden Mißbrauch erfuhr.

Wir müssen annehmen, daß eine Vielzahl von suizidalen Mädchen einen zugrundeliegenden sexuellen Mißbrauch weder im Erstgespräch noch in der Nachsorge anspricht, weil die Ängste und die Solidarität mit dem Täter und mit der Familie größer sind als die Kraft, sich zu befreien. Vielleicht läßt sich hier auch noch eine Wurzel finden für die oft unüberwindlichen Mutter-Tochter-Probleme, mit denen wir häufig konfrontiert sind. Diese Konflikte entstehen, weil etwas nicht zur Sprache kommt beziehungsweise kommen darf und weil dafür Worte und Sprache fehlen. Die Lösung könnte in der Wahrnehmung des gemeinsamen weiblichen Geschlechts liegen, aber da es hier keine Wertorientierung und kein stolzes Bewußtsein gibt,

gibt es auch keine generationenüberwindende weibliche Solidarität. Beide leben häufig in Abhängigkeit – die Mutter vom Partner und Ernährer, die Tochter von Mutter und Vater als nicht mündiger, der Familie legitim zugeordneter Mensch.

Wo die Tochter in der Mutter eine Verbündete sucht, erlebt sie oft schweigsame Ablehnung. Die Beschämung der Mutter, der die eigene Tochter als Konkurrentin vorgeführt und vorgezogen wird, erniedrigt das Selbstbewußtsein. Bei einigen Mutter-Tochter-Konstellationen wird erst bei genauerer Befragung sichtbar, wer welche Position einnimmt. Mütter wirken dabei oft kindlich naiv und Töchter bewußt mit ihren Reizen kokettierend. Ehemänner und Väter zeigen gleichzeitig gewissen Besitzerstolz.

Söhne leiden eher an den nicht erfüllbaren Erwartungen, die je nach Dominanz Väter oder Mütter in sie setzen. Sie wollen der Rolle des gescheiten, durchsetzungsfähigen Sohnes entsprechen und können daran verzweifeln, wenn sie immer wieder spüren, wie wenig sie diesen Erwartungen gerecht werden. Die Söhne sind weniger dem innerfamiliären als dem nach außen vorzeigbaren Abglanz väterlichen oder mütterlichen Stolzes ausgesetzt. Entsprechend der Rollenverteilung sind ihre Suizidversuche meist gewalttätiger als die der Mädchen. Doch das Steigen auf einen Starkstrommasten oder die Verletzung mit der väterlichen Pistole werden selbst von Fachleuten häufig eher als tragischer Unfall denn als suizidale Handlung deklariert. So wird auch der Alkoholvergiftung selten genauer nachgegangen, weil sie ins Bild des für Jungen akzeptablen Ausprobierens paßt.

Diese Jungen setzen in die Tat um, was unterschwellig – für Außenstehende kaum wahrnehmbar – in der Familie als latent aggressives Grundmuster vorhanden ist. Ihnen in einer Nachsorge zu helfen, ist besonders schwierig, weil mit dem suizidalen Geschehen eine Art »aggressive Entlastung« stattgefunden hat.

Nur allzugern geben sich diese Jungen mit dem Ausbruch zufrieden, weil er ihnen Luft und eine kurzfristige Sonderstellung beschert hat. Sie tragen lieber zum Verharmlosen bei und verhalten sich damit ähnlich wie ihre Väter. Wie diese haben sie es nicht gelernt, über ihre Nöte zu sprechen. Tränen und Traurigkeit werden dann ebenso zurückgedrängt und Einzelheiten mit »ist nicht so wichtig« unter den Teppich gekehrt.

Mädchen scheinen dagegen insgesamt zielorientierter an Lösungsmöglichkeiten arbeiten zu wollen. Sie zeigen häufig Interesse, Kooperation und Initiative, ihre Situation und sich selbst zu ändern. Sie investieren Zeit und aktive Mitarbeit und erweisen sich kreativer und letztendlich auch selbstbewußter. Was bei Jungen mit spektakulärem Aufwand Aufmerksamkeit erzeugt, geht bei Mädchen eher lautlos vonstatten und zeitigt offenbar mehr grundsätzliches Engagement zur Veränderung.

Therapie

Gespräche innerhalb der Klinik oder auch mit guten Freunden können ungemein entlasten. Doch manchmal kann ein Teil der Nachsorge auch in der Notwendigkeit bestehen, therapeutische Hilfe in Anspruch zu nehmen. Wie wir durch die Darstellung des unterschiedlichen Rollenverhaltens der einzelnen Familienmitglieder zu zeigen versuchten, bilden Familien ein kompliziertes und komplexes Gefüge. Dieses zu entwirren und für sich selbst mehr Klarheit zu bekommen, kann ein wichtiger Baustein zur Veränderung sein.

Wir haben schon mehrfach betont, daß ein Suizidversuch sich »lohnen« muß. Kinder und Jugendliche, die bereits suizidales Verhalten zeigten, müssen in ihrem Leben eine Veränderung im Sinne einer Verbesserung spüren, da sonst die Gefahr einer Wiederholung äußerst hoch ist. Doch eine Veränderung herbeizuführen, ist leichter gesagt als getan. Allzuschnell werden die anfänglich guten Vorsätze vergessen, und der Alltag verläuft wieder sehr ähnlich wie vor dem Suizidversuch.

Wie bereits erwähnt, muß im Zusammenhang mit suizidalem Handeln zwischen Anlaß, Motiv und Ursache unterschieden werden. Der *Anlaß* für einen Suizid ist nur der letzte Auslöser, der letzte Tropfen, der das Faß zum Überlaufen bringt. Dies kann der Streit mit der Freundin sein oder eine schlechte Note. Unter dem *Motiv* verstehen wir eine schon länger andauernde Konfliktsituation, ein beispielsweise schon einige Wochen dauernder Liebeskummer. Auf diese beiden Punkte einzugehen, ist in der Regel relativ schnell möglich, die eigentlichen *Ursachen* dagegen zu verändern, dauert länger und bedarf häufig therapeutischer Unterstützung in unterschiedlicher Form. Ursachen können zum Beispiel eine Persönlichkeitsstörung oder ein verletzter Selbstwert sein.

Familientherapie

Die Ursachen eines Suizidversuchs sind nicht nur in der Person des Suizidanten, sondern vor allem in einer bestimmten Familienkonstellation zu suchen. Anhand unserer Fallbeispiele versuchten wir jedoch darzustellen, daß suizidales Verhalten häufig sogar durch generationsübergreifende Probleme verursacht wird. Somit ist eine Auflösung nur durch die Bereitschaft und Mitarbeit *aller* Familienmitglieder möglich.

Familientherapeuten haben eine ganzheitliche Sicht auf das suizidale Geschehen. Das Symptom Suizidalität kann aus diesem Blickwinkel als eine Störung des Beziehungsgefüges Familie gewertet werden. Die Störung liegt in der Kommunikation oder Interaktion der gesamten Familie. Durch diese ganzheitliche Sichtweise wird der junge Mensch nicht zum Sündenbock abgestempelt, sondern als Symptomträger betrachtet.

Jedes Symptom war ursprünglich ein Lösungsversuch für eine Störung. Schuleschwänzen kann beispielsweise ein unbewußter Versuch sein, die Eltern auf sich aufmerksam zu machen. Erhält der junge Mensch daraufhin Zuwendung und wird er weiterhin ausreichend wahrgenommen, ist das Symptom nicht mehr notwendig. Dieses Symptom kann jedoch auch dysfunktional sein und dadurch immer belastender werden, wenn beispielsweise die Eltern auf das Schuleschwänzen ausschließlich mit Strafen reagieren und sich darüber hinaus über die Probleme ihrer Tochter oder ihres Sohnes keine Gedanken machen.

Anhand Franziskas Geschichte versuchten wir das systemische Funktionieren innerhalb der Familie aufzuzeigen. Franziskas Großmutter hat ihren Mann früh verloren und macht ihre Enkelin zu ihrer Lebensaufgabe. Diese Aufgabe ist allerdings sehr konfliktreich, und die Großmutter verkündet immer wieder: »Ich bringe mich noch um!« Franziskas Suizidversuch ist ein typisches Beispiel für die Stellvertreterfunktion, die viele junge Menschen eingehen. Auch diese Problematik hätte nur durch die Aufarbeitung innerhalb der Familie befriedigend gelöst werden können.

Ein systemischer Therapeut wird gemeinsam mit allen beteiligten Familienmitgliedern das Problem erst definieren lassen, auf die bisherigen Lösungsversuche eingehen und dann neue Bewältigungs- und Lösungsschritte erarbeiten. Eine wirkliche Veränderung des Systems kann nur durch die intensive Zusammenarbeit aller Beteiligten erreicht werden. Denn die Einzelperson zu therapieren, sie aber Tag für Tag wieder in dieselbe Situation zurückzuschicken, hat manchmal nur mäßigen Erfolg.

Über lange Zeit gab es einen Ideologiestreit, inwieweit Therapie mit Familien, in denen Mißbrauch stattfand oder stattfindet, möglich und sinnvoll ist. Die Frage lautete: Ist es durchführbar, mit Täter und Opfer gemeinsam zu arbeiten? Inzwischen gibt es bei diesem Thema immer mehr Verfechter des familientherapeutischen Ansatzes. Voraussetzung ist jedoch immer die Bereitschaft aller Beteiligten, nach gemeinsamen Lösungsschritten zu suchen. Leider ist, wie wir gesehen haben, die Bereitschaft der Väter, sich ihren Problemen und denen der gesamten Familie zu stellen, nach wie vor sehr gering.

Mittlerweile gibt es fast in jeder Stadt Familientherapeuten, die gemeinsam mit allen Mitgliedern der Familie eine Veränderung des Konflikts und damit eine Lösung erarbeiten. In Therapie zu gehen, ist jedoch häufig auch eine finanzielle Frage. Familientherapie wird von den Krankenkassen nach wie vor nicht übernommen und muß somit privat bezahlt werden.

Es gibt jedoch noch weitere Hilfsangebote, beispielsweise in Form von Beratungsstellen oder speziellen Einrichtungen, die auf das Thema Suizidalität ausgerichtet sind. Entsprechende Adressen finden sich im Anhang unseres Buches.

Einzeltherapie

Familientherapeutisch zu arbeiten bietet viele Chancen, doch ist dies manchmal aus unterschiedlichen Gründen nicht durchführbar. Es kann sich dagegen in solchen Fällen die Form der Einzeltherapie bewähren. Wann sind nun einzeltherapeutische Maßnahmen für den jungen Menschen wichtig?

Ein Kind oder Jugendlicher sollte auf jeden Fall therapeutische Hilfe bekommen, wenn der Suizidversuch als Reaktion auf ein traumatisches Ereignis stattfand. Traumatische Ereignisse sind beispielsweise der hier häufig erwähnte sexuelle Mißbrauch von Kindern, aber auch jegliche Art von Gewalterfahrungen. Eine weitere Indikation für Einzeltherapie sind sämtliche Formen von Suchtverhalten bei Kindern und Jugendlichen, das heißt Eßstörungen, Alkohol- und Drogenmißbrauch. Diese Verhaltensweisen sind Zeichen einer tiefer liegenden Störung, die in der Regel durch eine länger dauernde therapeutische Intervention bearbeitet werden muß.

Was geschieht in der Einzeltherapie? Das letztlich hinter allem stehende therapeutische Ziel ist, das aus den Fugen geratene innere Gleichgewicht wiederherzustellen. Die jungen Menschen sollen lernen, die Krise mit adäquaten Mitteln zu bewältigen. Je nach Altersstufe geschieht dies mit unterschiedlichen Mitteln. Kinder können emotionale Entlastung vor allem durch das Spiel erfahren. Die Therapeuten stehen ihnen bei ihrem Erleben bei, begleiten die jungen Menschen und ermuntern den emotionalen Ausdruck.

In therapeutischen Spielzimmern stehen ihnen beispielsweise Sandkasten, Plüschtiere oder Kasperlfiguren zur Verfügung, mit denen sie ihre Gefühle ausdrücken können. Malen oder Kneten werden ebenfalls als Möglichkeiten zur Emotionsabfuhr angeboten. Im Gegensatz zur »normalen« Welt dürfen im Therapiezimmer aggressive Bedürfnisse ausgelebt werden, um damit den Impuls zu selbstzerstörerischem Handeln zu mindern.

Kinder dürfen toben, boxen, schreien. Es gibt nur drei einschränkende Regeln: Sie dürfen weder sich noch die Therapeutin beziehungsweise den Therapeuten verletzen und nichts mutwillig zerstören. Aber auch ruhigere Elemente wie Geschichten von anderen Kindern über deren Probleme und Lösungsversuche sind wirkungsvolle Mittel.

Jugendliche suchen eher das Gespräch – gleichwohl kann es manchmal hilfreich sein, dies durch beiläufige Handlungen wie gemeinsames Töpfern zu unterstützen. Mit Jugendlichen besteht bereits die Möglichkeit, über den Tod zu reflektieren. »Was wäre anders, wenn du tot wärst?« gehört zu den wichtigen Fragen zur Aufarbeitung der dahinterliegenden Phantasien.

Unsere Aufgabe in der Therapie liegt darin, zwischen den Teilen, die leben, und denen, die sterben wollen, zu trennen. Dazu muß Lebendiges gestärkt und müssen die gesunden Anteile der Kinder und Jugendlichen gefordert werden. Die Fragen zu diesem Themenkomplex können beispielsweise lauten: »Wenn du einen Zauberstab in der Hand hättest, was würdest du ändern?« oder: »Was magst du an dir?«

Wichtig ist immer wieder, die Wertigkeit zu fördern, denn junge Menschen beschäftigen sich immer mit der Frage »Was bin ich wert?« Die Antwort fällt häufig negativ aus. »Ich bin ein Nichts!« oder »Ich bin allen eine Last!« sind typische Antworten junger suizidaler Menschen. Diese Verknüpfungen mit Sätzen der Eltern, die irgendwann gefallen sind, müssen wieder gelöst werden, und langsam und behutsam muß ein neues Selbstwertgefühl aufgebaut werden. Dazu müssen wieder Interessen geweckt werden: »Was macht dich neugierig?«, »Was interessiert dich?« oder »Wie sieht dein Leben in fünf Jahren aus?«

Eine Situation beginnt ihre Unerträglichkeit zu verlieren, wenn die jungen Menschen beginnen, wieder Pläne zu schmieden und Vorstellungen von der Zukunft zu entwickeln. Mit neuen Phantasien und Vorsätzen sowie einem gestärkten Selbstwertgefühl können sie allmählich wieder Hoffnung gewinnen.

Prävention

Prävention meint das vorbeugende Handeln, ein Reagieren und Verhalten, das durch Erfahrung angestoßen wird. Suizidales Verhalten von Kindern und Jugendlichen beinhaltet die Chance echter Prävention, weil es beim Suizidversuch geblieben ist. Die Möglichkeit, den Faden noch einmal in die Hand zu nehmen, Knoten aufzulösen und gemeinsam am Muster des Lebens weiterzuweben, ist ein Geschenk

Der tödliche Ausgang eines Suizidversuchs gleicht einem Abbruch – einer zugeschlagenen Tür, die nur Fragen, aber keine Antworten zuläßt. Hier ist kein Verhüten, Verhindern oder Verändern mehr möglich.

Ein Suizidversuch und die daraus resultierenden Überlegungen gleichen einem Stein, der in einen See geworfen wird. Der Stein versinkt im Wasser, die Bewegung, die er verursacht, breitet sich in immer größer werdenden Kreisen aus. Je größer diese Kreise werden, um so mehr wird die Bewegung sichtbar. Die Kinder und Jugendlichen sind Ausgangs- und Mittelpunkt der Bewegung. Der erste Kreis, der sie umgibt, ist ihr soziales Umfeld: ihr familiäres Bezugssystem. In der Regel sind dies Eltern und Geschwister. Die modernen Lebensformen haben eine Fülle von sozialen Bezugssystemen ermöglicht, die auf gelebter sozialer Realität beruhen: Alleinerziehende, zeitweise mit oder ohne Partner lebend, in getrennter und neuer, fester Beziehung lebend usw. In diesen Beziehungsformen leben Kinder und Jugendliche, und für sie bedeuten sie Familie, Zugehörigkeit, Lebensort und Lebensorientierung. Wo dieser Lebensort angesiedelt ist, das heißt, wieviel Wohnraum und Lebensqualität er beinhaltet, wie seine materielle und ideelle Ausstattung garantiert ist, bestimmt maßgeblich seine Qualität. Um den Kreis Familie breitet sich der Kreis verwandtschaftlicher, freundschaftlicher und nachbarschaftlicher Beziehungen aus.

Dieser Kreis kann von sehr unterschiedlicher Größe und Qualität sein. Der nächstfolgende Kreis ist für Kinder und Heranwachsende dominiert durch Schule, Kirche, Verein oder Freizeitorte und Angebote unterschiedlichster Art. Dort verbringen Kinder einen sehr großen Teil des Tages, dort erfahren sie Forderungen, Erfolge und Niederlagen. Dort gehören sie dazu, dort empfinden sie sich als funktionierende Mitläufer oder Außenseiter. Den äußersten und größten Kreis stellt unsere gesellschaftliche Wirklichkeit dar. Unsere demokratische Grundordnung gesteht dem einzelnen und den ihn vertretenden Interessengruppen aktives Mitsprache- und Gestaltungsrecht zu. Wer über Mehrheiten verfügt, hat Macht und Entscheidungsmöglichkeiten, seine Interessen voranzubringen. In einer freien Marktwirtschaft werden folglich der materielle Nutzeffekt und die Gewinnmaximierung durch Angebot und Nachfrage, Denken und Tun begünstigt. Ständig geht es um das Aushandeln und Durchsetzen unterschiedlicher, häufig auch gegenläufiger Interessen. Der einzelne erlebt dies in der Regel weit weg von seinen Alltagserfahrungen und Bedürfnissen. Politik, Wirtschaft, Wissenschaft, Forschung, Staat und Kirche sind für ihn Institutionen, die mit seinem subjektiven Erleben nur bedingt zu tun haben. Er fühlt sich, je nach Lebenssituation, unbeteiligt oder benachteiligt. Ohne Einblick kein Überblick, und so bleiben für ihn viele Abläufe und Entscheidungen anonym und beziehungslos. Mißtrauen, Unmut und Rückzug aus notwendiger gemeinsamer Verantwortung für unser Gemeinwohl sind die Folgen. Die Reduzierung der eigenen Kräfte und Fähigkeiten auf eingegrenzte private Ziele fördern ein egoistisches und manipulatives Berechnen von Einsatz und Gewinn.

Dieser große äußere Kreis, den wir »gesellschaftliche Wirklichkeit« nennen, wird von Kindern und Jugendlichen tagtäglich erfahren. Auf ihre Frage, wie das Leben funktioniert, bekommen sie Antworten wie rücksichtslosen Straßenverkehr, Verschmutzung von Luft und Wasser, Zerstörung der Umwelt, Bilder von Krieg und Gewalt, Verfolgung und Vertreibung von Menschen, Mißachtung der Menschenrechte und Menschenwürde bei Menschen anderen Glaubens, anderer Hautfarbe, anderer Lebens-, Fühl- und Denkweise. Kinder und Jugendliche erfahren und erleben die Welt der Erwachsenen über alle Informationsträger, ohne Beachtung ihrer noch nicht voll entwickelten Verständnis- und Verarbeitungsfähigkeit.

Welchen Wohn-, Lebens- und Spielraum Familien heute mit Kindern haben, hält dem Vergleich mit Straßenbauprojekten oder Parkplätzen für Supermärkte nicht stand. Die Debatten um Kindergartenplätze oder Jugendtreffs werden meist nur unter dem finanziellen Aspekt geführt. Kinder und Pubertierende werden eher als zukünftige Rentenzahler gehandelt, anstatt ihnen zunächst einmal die Rahmenbedingungen zu garantieren, die sie benötigen, um diesen Verpflichtungen später dann auch nachkommen zu können. Was ihnen fehlt, ist die Anerkennung ihrer Bedürfnisse in allen Entwicklungsstufen. Ihre Meinung muß aber dort gehört werden, wo über ihre Belange entschieden wird.

Nicht die Anpassung der Heranwachsenden an den Verkehr, an Arbeitszeiten, an Öffnungs- und Schließungszeiten öffentlicher Einrichtungen ist nötig, sondern der umgekehrte Weg. Kinder und Jugendliche dürfen nicht auf Erwachsenenbelange trainiert, sondern Erwachsene müssen für die Belange der Kinder sensibilisiert werden. Das ist in erster Linie Aufgabe all derer, die Funktionsträger unserer gesellschaftlichen Wirklichkeit sind. Eine Gesellschaft muß suizidal genannt werden, die ihre Lebensgrundlage, nämlich die nachwachsende Generation, vernachlässigt, an ihr spart, sie nicht wirklich wachsen läßt. Eine Gesellschaft, die ihre Kinder nicht als wertvollstes Gut begreift, ist in Gefahr, sich selbst den Lebensfaden abzuschneiden.

Wertvorstellungen müssen neu entwickelt und benannt werden. Leben darf nicht nur Konsum bedeuten. Wir brauchen Menschen, Politiker und Funktionsträger in Staat, Wirtschaft und Kirche, die den Mut zur materiellen Bescheidenheit proklamieren und diesen vor allem selbst praktizieren. Kinder und Jugendliche brauchen Vorbilder mit Glaubwürdigkeit. Ehrlichkeit und Verläßlichkeit sind Tugenden, die wiederbelebt und praktiziert werden müssen. Wer Leben, auch das ungeborene, will, straft sich selbst Lügen, wenn er für das bereits vorhandene weder Raum noch Mittel bereithält.

Unsere Kinder wissen um Obdachlose, sie beschäftigen sich mit dem Ozonloch, den Müllbergen, den vermeidbaren Autoabgasen, dem zu schnellen Verkehr. Sie spüren die Diskrepanz zwischen Lippenbekenntnissen und täglich erlebter Realität. Eine Gesellschaft, die sich demokratisch nennt, aber Kindern und Jugendlichen die Demokratie vorenthält, amputiert den eigenen Lebensnerv. Phantasie, Spontaneität und Experimentierlust sind kostbare Fähigkeiten, die Kinder besitzen. Sie haben noch Träume, Wünsche und Hoffnungen.

Unsere Schulen sind nicht die Orte, an denen Kinder und Jugendliche mit ihren originären Fähigkeiten Entfaltungsräume finden. Lehrpläne, Notensysteme und Leistungsnachweise fördern häufig nicht das, was als Ziel vorgegeben wird. Bildung gleicht heute eher einem computergerechten, abfragbaren Wissen, das sich permanent selbst überholt. Es fördert das Konkurrenzdenken und Durchsetzungsstrategien, die zu Lasten sozialen und kreativen Miteinanders gehen.
Schüler, die dem Leistungsdruck und der Anonymität in großen Klassen nicht gewachsen sind, entwickeln unterschiedlichste Überlebensstrategien. Ihre Ängste und Versagensphantasien führen zu Gewalt und zu Drogenkonsum. Auch von Ärzten verschriebene oder durch Apotheker leicht zugänglich gemachte Psychopharmaka gehören dazu. Diese Zusammenhänge aufzuzeigen, ist Aufgabe von Lehrern, Sozialpädagogen, Ärzten und Psychologen.

Wo aufgrund baulicher Fehlleistungen Schulen zu Lernfabriken wurden, wird das Aggressionspotential gesteigert. Betonbauten mit Neonlicht und betonierte Pausenhöfe sind nicht die Orte, wo Menschen freundliches Umgehen miteinander lernen. Hier helfen auch aufgemalte Farbkompositionen wenig.

Lehrer sollten nicht nur an ihrem Fachwissen, sondern auch an ihren pädagogischen und mitmenschlichen Fähigkeiten gemessen werden. Schule muß zunehmend mehr ein Raum der Lebensvermittlung werden, damit die Erfahrungen von drinnen und draußen nicht derart auseinanderklaffen. Das in der Schule angeeignete Wissen sollte tatsächlich in der gesellschaftlichen Realität anwendbar sein. Lehrpläne müßten notwendigerweise soziale Themen beinhalten wie Rollenverhalten, Sexualität, Verantwortung für das Gemeinwohl und auch Suizid.

Schule muß aber mehr denn je als sozialer Lernort nicht nur Lehrern und Schülern ins Bewußtsein rücken, sondern auch Eltern, Kommunalpolitikern und den Kirchen. Der pflegliche Umgang mit dem Gebäude, dem Inventar und den zur Verfügung stehenden Lehr- und Lernmitteln hat auch etwas mit dem pfleglichen Umgang der dort Lehrenden zu tun. Supervision, das heißt die permanente Auseinandersetzung und Unterstützung pädagogischen Handelns, das Umsetzen von Erkenntnissen gruppendynamischer Prozesse, wie wir sie bereits von großen Unternehmungen in ihren Arbeitsabläufen kennen, wäre vonnöten.

Der kollegiale und partnerschaftliche Arbeitsstil auch unter Lehrern wäre als Vorbildfunktion für Schüler wünschenswert: Schule als ein Ort vielfältiger Neigungsgruppen und Arbeitsgemeinschaften, die zugleich Wissen und Lebensqualität bereitstellen, könnte Basisdemokratie verwirklichen. Sie würde zur echten Leistung sowie Leistungsfreude und -bereitschaft motivieren. Sie könnte Ängste, Kränkungen und suizidales Verhalten des einzelnen verhindern beziehungsweise in Grenzen halten. Schule hätte dann mehr mit wirklichem Leben und

Erleben zu tun – sie würde so tatsächlich auf das Erwachsenenleben vorbereiten, weil sie den ganzen Menschen meint und nicht nur abgespaltene kognitive Fähigkeiten.

Schule strukturiert für viele Jahre den Alltag von Kindern und Jugendlichen. Um diese täglich festgelegten Zeiten rankt sich bei den meisten Kindern eine Fülle von Terminen, die sie mit Freunden und Familie absprechen müssen. Nicht selten gleicht so ein Terminkalender dem eines Managers in mittlerer Position. Eltern und Erzieher wünschen sich Kinder mit vielfältigen Interessen und begünstigen somit deren Terminhatz. Sie begrüßen es, wenn Vereine dem Nachwuchs attraktive Angebote machen. Manche sportliche Aktivitäten beispielsweise können relativ preiswert ausgeübt werden. Es werden Gleichaltrige zusammengeführt, sie bekommen Kontakt, haben Ziele und verbringen ihre Freizeit sinnvoll und beaufsichtigt. Da gibt es Trainer und Trainerstunden, Qualifikationsklassen und Leistungskurse; dem Angebot sind keine Grenzen gesetzt. Wer interessiert sich da schon dafür, welche Ziele auf welchem Wege angestrebt werden?

Sport sollte zunächst körperliche und geistige Fähigkeiten mit Freude aktivieren. Aber wer fragt heute, mit welchem pädagogischen Geschick, mit welchem Wissen um Entwicklung und Bedürfnisse Heranwachsender die Trainer ausgebildet sind? Welche Ziele verfolgen Trainer und Vorstand? Wird das Angebot für Heranwachsende und deren Einsatz zum Selbstzweck? Nicht selten werden erste Erfahrungen mit Alkohol auf dem Fußballplatz und im Vereinsheim gemacht. Denn damit wird der Sieg, vor allem aber die Niederlage oft kräftig begossen. Auch in Vereinen sollte nicht nur die Zahl der Mitglieder bei den zu erwartenden öffentlichen Zuschüssen eine Rolle spielen. Eltern sollten zudem fragen, wie Ziele erreicht werden, wie sich Vereinsleben tatsächlich gestaltet, von welchem Geist es geprägt und wer federführend ist. Daß sich mit dem Taschengeld unserer Kinder Kasse machen läßt, zeigt sich an den kaum zu überblickenden kommerziellen Freizeitangeboten. Häufig werden diese mit attraktiven Aussagen über ihre intelligenzfördernden Inhalte marktgerecht publik gemacht. So werden bereits für Kinder im Kindergartenalter auf faszinierende Weise Computersysteme angeboten. Spielhallen werben mit Marketingwissen und fetzigen Slogans und machen auf ihren sozialen Wert aufmerksam. Kinder- und Jugendzeitschriften und die Werbespots auf vielen Kanälen sind voll von Angeboten, die ein gut gefülltes Portemonnaie voraussetzen. Unsere Kinder und Jugendlichen werden in einer noch nie dagewesenen schamlosen Weise ihrer originalen Erfindungsfähigkeit beraubt, weil alles für sie vorgedacht, vorprogrammiert und vorproduziert wird. Ein Beispiel dafür ist der kiloschwere Katalog für Kindergarteneinrichtungen, der Erzieherinnen und Erziehern neben vielen pädagogisch wertvollen Angeboten vor allem viel Fragwürdiges anpreist. Man kann froh sein, daß es trotzdem nach wie vor besonnene Erzieherinnen und Erzieher gibt, die das Spielen ohne industriell gefertigtes Material propagieren.

In unseren Kirchengemeinden könnte Verkündigung Engagement für Kinder und Jugendliche heißen. Nicht nur für die, die sich ihnen verbunden fühlen, sondern gerade für die, die keine geistigen oder geistlichen Lebensorte kennen. Kirche hätte da ihren Auftrag erfüllt, wo sie sich auf unkonventionelle Weise derer annimmt, die Lebensraum und glaubwürdiges Beteiligtwerden benötigen. Kirche wäre überzeugender, wenn sie zum heutigen Leben ganz pragmatisch beitragen würde. Ihre Sorge um ausgetretene Mitglieder hat etwas mit Geld zu tun, nicht aber mit Gott, der offensichtlich in einer für sie zu sehr von Geld geregelten Kirche keinen gebührenden Ort mehr hat. Die Sehnsucht nach Gott als Ort des »umfassenden Aufgehoben- und Gehaltenseins« hat nichts mit dem Geldbeutel zu tun. Natürlich braucht die Institution Kirche Geld für ihre Kinder- und Jugendarbeit, aber von wem bekommt sie es und für wen beziehungsweise für was gibt sie es tatsächlich aus? Es wäre wünschenswert, zu erfahren, wieviel unseren Kindern ganz konkret zugute kommt. Wir benötigen gerade in unseren Kirchen pädagogisch gut ausgebildete Mitarbeiter und Mitarbeiterinnen. Kinder brauchen in der Kirche Menschen, die sie annehmen und begleiten. Kinder wollen Fragen stellen und ernsthafte und glaubwürdige Antworten erhalten. Jugendliche brauchen Raum in der Kirche für eigene Erfahrungen, für Begegnungen und für kritische Auseinandersetzung. Sie wollen Angebote, bei denen deutlich wird, daß *sie* gemeint sind. Jugendliche lehnen zurecht ihre Vereinnahmung für Ziele ab, die mit ihrer Lebenswirklichkeit nichts zu tun haben. Kirche sollte nicht fordern, wie die Menschen zu leben haben, sondern Sorge tragen, daß Menschen in ihr leben können, wie sie gemeint sind.

Die Auswirkungen von Gesamtgesellschaft und Politik, Kirche, Schule, Vereinen und Freizeitangeboten fließen auch in die Beziehungen ein, die wir als Verwandtschafts-, Nachbarschafts- und Freundschaftsbeziehungen bezeichnen. Da alles ineinander greift, wird alles von allem berührt. Je mehr Konsumgüter der einzelne besitzt, desto mehr wird seine Zeit davon beansprucht. Für geselliges Miteinander ohne Konsumbegleitmusik bleibt wenig Zeit und Raum. Die Interessen der einzelnen haben sich mit den dazugehörigen materiellen Ausstattungen derart ausdifferenziert, daß nur noch selten generationsübergreifende Unternehmungen möglich sind.

Terminkalender werden benötigt, um das Zusammenkommen zu planen. Da Feierabende, Wochenende, Feiertage und Urlaub permanent verplant sind, gibt es kaum mehr zufällige oder überraschende Begegnungen. Kommen sie dennoch zustande, werden sie von »Keine Zeit« und »Ich sollte eigentlich schon längst dort und dort sein« begleitet. Den Klagen von Kindern wie »Wann hast du Zeit für mich?« wird häufig mit schlechtem Gewissen und materiellen Zuwendungen begegnet.

Freundschaft, Verwandtschaft und Nachbarschaft werden aber nur durch Begegnung, Gespräch und soziale Wachheit erfahrbar. Das braucht Zeit, und das beginnt beim Akzeptieren von notwendigen Grenzen und Achten der Bedürfnisse, verbunden mit Interesse und Nachfragen nach dem einzelnen. Verwandtschaft hat aufgrund der hohen Mobilität heute nicht mehr den engen Verbindungs- und Bindungsauftrag früherer Generationen. Sie hat als soziales Netz eine eher eingeschränkte Funktion. Viele Großeltern stehen ebenso wie ihre Kinder im Erwerbsleben und verfügen nur über begrenzte Freizeit, die häufig fremdbestimmt ist. Und je älter die Menschen werden, um so mehr werden auch sie in die materielle Mobilität von Reiseangeboten für Rentner einbezogen. Ihre Erfahrungen und ihre Unternehmungslust könnten ein Gewinn für Kinder und Jugendliche sein, wenn sie trotz ihrer vollen Terminkalender noch zusammenkommen könnten. Häufig finden Begegnungen aber durch Kontoüberweisungen statt, die dann per Telefon abgehakt werden: »Toll Oma, du hast mich aus den Miesen geholt!«

Freundschaft nährt sich aus Zeit füreinander, Verläßlichkeit und Vertrauen und ist zusammengesetzt aus unendlich vielen kleinen Mosaiksteinchen gemeinsamer Erlebnisse und Erinnerungen. Freundschaft muß erfahren werden, damit sie gelernt werden kann. Erwachsene, die Freundschaft über Distanzen von persönlichen Entwicklungen und über räumliche Entfernungen aufrechterhalten, ermöglichen ihren Kindern eine unschätzbare Erfahrung sozialer Einbindung und treuer Zugehörigkeit. Die beste Freundin oder der beste Freund steht meist näher als alle verwandtschaftlichen Bezüge, weil zu ihr oder zu ihm eine Beziehung und Bindung ohne festgelegte Vorgaben besteht. Vor allem diese Freunde bilden die Auffangnetze, wenn Ereignisse wie der Suizidversuch eines Kindes oder Jugendlichen die Familie überfordern, wenn Verwandtschaftsbezüge schwierig sind und Nachbarschaft nicht glückt.

Wie notwendig diese Beziehungen sind, wird immer dann deutlich, wenn der innerste Kern, der familiäre Lebensort, in eine Krise gerät. Wir nennen den Suizidversuch Krise, weil er so fundamental wie sonst kaum ein Geschehen an den Grundfesten dieses innersten Kreises rührt. Der Suizidversuch steht am Ende eines sich lange entwickelnden Prozesses. Er weist als letzte Möglichkeit eindringlich auf eine ausweglose Situation hin.

Suizidale Handlungen von Kindern und Jugendlichen machen deutlich, daß etwas in ihrem Leben nicht mehr stimmt, nicht mehr aushaltbar ist. Unzulässig ist es, sich hier leichtfertig auf Erklärungen und Schuldzuweisungen zurückzuziehen. Diese würden nur ablenken von der generellen sozialen Aufmerksamkeit und Achtsamkeit, der sich niemand entziehen sollte. Hier ist Handeln gefordert. Wenn Kinder und Jugendliche nicht mehr leben können oder aber nur über einen Suizidversuch die Hilfe bekommen, derer sie schon lange bedürfen, ist das für unsere Gesellschaft ein Armutszeugnis ohnegleichen.

Kinder und Jugendliche sind dennoch bei aller wachsenden Selbständigkeit und in ihren Ablösungsprozessen vor allem auf ihre familiären Orte angewiesen. Diese Orte sind soziale Brennpunkte. In ihnen bündelt sich eine Fülle von Konflikten. Dort werden die Kämpfe zwischen den Geschlechtern und den Generationen ausgetragen, weil sie keine gesellschaftliche Öffentlichkeit haben. Familie stellt Intimraum dar, was Schutz und Schutzlosigkeit zugleich bedeuten kann.

Obwohl in jeder Beziehung die Machtfrage geklärt werden muß, ist das kein öffentliches Thema. So bleiben in unserer Gesellschaft Belange von Frauen und Kindern oftmals auf der Strecke. Denn Familie wird, was emotionale Belange betrifft, immer noch durch Frauen und Kinder repräsentiert. Dafür fühlen Väter sich nicht zuständig. Es sind am Ende manchmal die Kinder und Jugendlichen, die mit ihren suizidalen Handlungen darauf aufmerksam machen, daß in dieser Gesellschaft etwas nicht stimmt. Und es sind überwiegend die Mütter und Frauen, die diese familiären und damit auch die gesellschaftlichen Beziehungs- und Machtkonflikte aushalten oder auszugleichen versuchen. Und es sind die Mädchen, die mit ihren Suizidversuchen vorrangig auf das nicht mehr Aushaltbare, auf die anstehende Notwendigkeit der Machtveränderung für die Lebensfähigkeit aller hinweisen.

Wer Suizid bei Kindern und Jugendlichen verhindern will, muß mit wachem, aufmerksamem Engagement sich selbst fragen: Was trage ich zum gelingenden Leben von Kindern und Jugendlichen bei? Wo bin ich ihnen nahe als wirklich gewachsener Erwachsener mit Verantwortung für die nachkommende Generation? Wo setze ich mich für mehr Gerechtigkeit und Lebenschancen für Kinder und Jugendliche ein?

»Bitte hört, was ich nicht sage« bleibt so lange eine unerfüllte Bitte, solange wir das wirkliche Sprechen und Hören nicht wiedererlernen. »Soll ich meines Bruders Hüter sein?« ist eine Frage in der Bibel. Suizidale Kinder und Jugendliche sagen uns: »Ja, Du sollst!«

Anhang

Hilfreiche Adressen

Deutschland

Telefonseelsorge: Tag und Nacht, Vorwahl/111 01 oder 111 02
Hilfe zum Weiterleben, Minoritenstr. 3, 52062 *Aachen*, Tel.
0241/388 85
Die Brücke, Breitenstr. 19, 36251 *Bad Hersfeld*, Tel. 06621/614 33
Beratungsstelle für psychische Gesundheit, Salzstr. 1, 83646 *Bad Tölz*,
Tel. 08041/715 93
Beratungsstelle NEUhland, Hilfen für suizidgefährdete Kinder und Jugendliche, Nikolsburger Platz 6, 10717 *Berlin*, Tel. 030/873 01 11
Nächtlicher Krisen- und Beratungsdienst, Pallasstr. 8-9, 10781 *Berlin*,
Tel. 030/215 22 22
K.U.B. Krisen- und Beratungsdienst, Apostel-Paulus-Str. 35, 14823
Berlin, Tel. 030/781 85 85
Krisenberatung, Johanneswerkstr. 12, 33611 *Bielefeld*, Tel.
0521/51 25 90
Die Oase, Buscheyplatz 3, 44801 *Bochum-Querenburg*, Tel.
0234/700-23 32
Arbeitskreis Suizidnachsorge am Kreiskrankenhaus Böblingen, Bunsenstr.
120, 71032 *Böblingen*, Tel. 07031/668-0
Arbeitskreis Suizidgefährdeter, Meckenheimer Straße 85, 53179 *Bonn*,
Tel. 0228/34 35 63
Krisenhilfe für Selbstmordgefährdete und seelisch Notleidende, Bismarckstr. 5, 38102 *Braunschweig*, Tel. 0531/33 50 50
Beratungsstelle für Kinder, Jugendliche und Eltern, Graf-Moltke-Str. 49,
28211 *Bremen*, Tel. 0421/346 98 38
Anonymes Beratungszentrum junger Menschen e.V., Grazer Str. 76,
27568 *Bremerhaven*, Tel. 0471/429 29
Jugendberatung, Bessungerstr. 80, 64285 *Darmstadt*, Tel.
06151/66 37 27
Hilfe zum Weiterleben, Arbeitskreis für Selbstmordverhütung und Krisenberatung e.V., Postfach 1818, 32708 *Detmold*, Tel. 05231/329 84
oder 333 77
Krisenzentrum Dortmund-Hörde, Virchowstr. 10, 44263 *Dortmund*, Tel.
0231/43 50 77/78
Medizinische Akademie Carl-Gustav-Carus, Betreuungsstelle für Sui-

zidgefährdete, Fetscherstr. 74, Haus 11, 01307 *Dresden,* Tel. 0351/458 31 11

Jugendberatungsstelle der Arbeiterwohlfahrt, Wallstr. 3, 40213 *Düsseldorf,* Tel. 0211/899-53 91

Krisenbegleitung Telefonseelsorge Duisburg-Mülheim-Oberhausen, Vom-Rath-Str. 10, 47051 *Duisburg,* Tel. 0203/226 56

Offene Tür Erlangen Lebensmüdenberatung, Katholischer Kirchenplatz 2, 91054 *Erlangen,* Tel. 09131/259 64

Essener Jugendnottelefon, Jugendamt der Stadt Essen und Evangelisches Heimstättenwerk Essen, Ahrfeldstr. 73, 45136 *Essen,* Tel. 0201/26 50 50

Beratungsstelle für Kinder, Jugendliche und Eltern der Stadt Flensburg, Bahnhofstr. 28, 24937 *Flensburg,* Tel. 0461/85 21 29

Eltern- und Jugendberatung des Caritasverbandes, Mainkai 40, 60311 *Frankfurt,* Tel. 069/298 21 87

Psychosoziale Beratungsstelle für Suizidgefährdete und Menschen in Lebenskrisen, Kartäuserstr. 77, 79104 *Freiburg,* Tel. 0761/333 88

Jugendberatung und Drogenberatung für den Wetteraukreis, Schützenrain 9, 61169 *Friedberg/Hessen,* Tel. 06031/834 16

Die Brücke, Kontakt- und Beratungsstelle für Menschen mit seelischen Problemen, Löherstr. 37, 36037 *Fulda,* Tel. 0661/730 23

Beratungs- und Therapiezentrum für Kinder und Jugendliche, Düsterer Eichenweg 19, 37073 *Göttingen,* Tel. 0551/400 29 81

Beratungs- und Seelsorgezentrum, Kreuslerstr. 6-8, 20095 *Hamburg,* Tel. 040/33 58 44

Kinder- und Jugendnotdienst, Feuerbergstr. 43, 22337 *Hamburg,* Tel. 040/632 00 20

Präventionsprogramm, Gartenallee 14, 30449 *Hannover,* Tel. 0511/44 69 96

Suizidenten-Dienst, Voßstr. 4, 69115 *Heidelberg,* Tel. 06221/56 47 04

Arbeitskreis für Selbstmordverhütung, Christianstr. 5A, 89522 *Heidenheim,* Tel. 07321/438 94

Arbeitskreis Leben, Friedensplatz 12, 74072 *Heilbronn,* Tel. 07131/16 42 51

Kontaktgruppe Selbstmordgefährdete, Bahnhofsallee 26, 31134 *Hildesheim,* Tel. 05121/588 28

Kontaktgruppe »Brücke e.V.«, Schrannenstr. 1, 85049 *Ingolstadt,* Tel. 0841/358 95

»Brücke«, Kronenplatz 1, 76133 *Karlsruhe,* Tel. 0721/38 50 38

KOMM, Goethestr. 34 II, 34119 *Kassel,* Tel. 0561/77 39 30

Kibis Kontakte, Information und Beratung im Selbsthilfebereich, Beselerallee 57, 24105 *Kiel,* Tel. 0431/56 02 22

Tecum, Verein zur Betreuung suizidgefährdeter Menschen e.V., Kurfürstenstr. 73, 56068 *Koblenz*, Tel. 0261/139 06 22

Telefon des Vertrauens, Fachpoliklinik für Psychotherapie, Platnerstr. 15, 04155 *Leipzig*, Tel. 0341/511 00 oder 510 00

Beratung und Hilfen in Lebenskrisen, Falkenstr. 19, 67063 *Ludwigshafen*, Tel. 0621/51 40 04

Die Arche, Selbstmordverhütung und Hilfe in Lebenskrisen e.V., Viktoriastr. 9, 80803 *München*, Tel. 089/306 22-561

Verein zur Suizidprophylaxe und Krisenbegleitung e.V., Sebastiankirchweg 10, 48153 *Münster*, Tel. 0251/757 22

Psychologische Beratungsstelle für Eltern, Kinder und Jugendliche, Caritasverband, Giesbertstr. 67, 90473 *Nürnberg*, Tel. 0911/801 09

Kontaktkreis Leben, Aspenweg 25, 78727 *Oberndorf/Neckar*, Tel. 07423/36 04

Christliches Krankenhaus, Ambulanz für Suizidgefährdete, 49610 *Quakenbrück*, Tel. 05431/152 41

Krisendienst Horizont, Landshuter Str. 16, 93047 *Regensburg*, Tel. 0941/581 81

Kibis Kontakte, Information und Beratung im Selbsthilfebereich, Sophienstr. 3, 24768 *Rendsburg*, Tel. 04331/252 99

Arbeitskreis Leben Reutlingen e.V., Karlstr. 28, 72764 *Reutlingen*, Tel. 07121/444 12

SPAK-Arbeitskreis für psychosoziale Hilfe, Rosenstr. 18, 66126 *Saarbrükken*, Tel. 0681/364 93

Kontaktstelle für Selbstmordgefährdete, Burgstr. 38, 38259 *Salzgitter-Bad*, Tel. 05341/360 27

Deutsche Gesellschaft für Suizidprävention, Böblinger Str. 24, 70178 *Stuttgart*, Tel. 0711/640 59 44

Arbeitskreis Leben Stuttgart e.V., Eierstr. 9, 70199 *Stuttgart,* Tel. 0711/60 06 20

Arbeitskreis Leben e.V., Lichtensteinstr. 9, 72072 *Tübingen*, Tel. 07071/337 33

Institut für Beratung und Therapie von Eltern und jungen Menschen, Adelheidstr. 28, 65185 *Wiesbaden*, Tel. 0611/37 00 12

Österreich

Sozialer Notruf: Tel. 0222/533 77 77
Sozialpsychiatrischer Notdienst: Tel. 0222/310 87 79 oder 310 87 80
Kindertelefon (0-24 Uhr): Tel. 0222/319 66 66
Ö3-Kummernummer (0-24 Uhr): 0222/587 35 87

Beratungszentrum für psychische und soziale Fragen, Granatengasse 4/I, 8020 *Graz*, Tel. 0316/91 10 04

Krisenintervention an der Psychiatrischen Universitäts-Klinik, St. Veiter Str. 47, 9010 *Klagenfurt*, Tel. 0463/538 29 91

Lebensberatung, Kolpinggasse 6, 9010 *Klagenfurt*, Tel. 0463/567 77

Krisenintervention, Hessenplatz 9, 4020 *Linz*, Tel. 0732/21 77 oder 21 78

Krisenintervention, Gailenbachweg 13a, 5020 *Salzburg*, Tel. 0662/433 51 oder 44 83-43 21

Psychosozialer Dienst der Caritas, Bräuhausgasse 2, 3100 *St. Pölten*, Tel. 02742/534 86 oder 534 87 oder 529 35

Außenstelle der Lebensberatung Klagenfurt, Brauhausgasse 10, 9500 *Villach*, Tel. 04242/213 52

Krisenintervention, Spitalgasse 11, 1090 *Wien*, Tel. 0222/406 95 95-0

Schweiz und Liechtenstein

Selbsthilfezentrum Hinterhuus, Feldbergstr. 55, 4057 *Basel*, Tel. 061/692 81 00

Team Selbsthilfe Bern, c/o Hilfsstelle Bern, Hopfenrain 10, 3007 *Bern*, Tel. 031/371 45 27

Team Selbsthilfe Biel, c/o Hilfsstelle Biel, Rechbergerstr. 2, 2502 *Biel*, Tel. 032/23 83 82

Team Selbsthilfe Aargau, Postfach 298, 5200 *Brugg*, Tel. 056/41 95 82

Familienberatung, Tivoli 7, 7001 *Chur*, Tel. 081/22 10 01

Team Selbsthilfe Thurgau, Rheinstr. 6, 8500 *Frauenfeld*, Tel. 054/21 88 44

Kontaktstelle Selbsthilfe, c/o Sozialpsychiatrischer Dienst, Gotthardstr. 31, 6410 *Goldau*, Tel. 041/82 42 82

Vereinigung pro Selbsthilfegruppen, Postfach 5213, 6000 *Luzern* 5, Tel. 041/51 60 09

Selbsthilfegruppen – Kontaktstelle, Vorderer Steinacker 25, 4600 *Olten*, Tel. 062/32 93 60

Team Selbsthilfe St. Gallen, Frongartenstr. 16, 9000 *St. Gallen*, Tel. 071/22 75 54

Arbeitskreis der Selbsthilfegruppen, c/o Brigitta Bazzana, Postfach 197, FL-9494 *Schaan*, Tel. 075/232 09 26

Beratungsstelle für Jugendliche und Erwachsene, Rebleutgang 2, 8200 *Schaffhausen*, Tel. 053/25 30 74

Team Selbsthilfe Berner Oberland, c/o Hilfsstelle Thun, Länggasse 2, 3600 *Thun*, Tel. 033/22 22 61

Offene Tür Zürcher Oberland, Rapperswilerstr. 22, 8620 *Wetzikon*, Tel. 01/932 70 70
Kontaktstelle für Selbsthilfe, Technikumstr. 14, 8400 *Winterthur*, Tel. 052/213 80 60
Offene Tür Zürich, Beethovenstr. 45, 8002 *Zürich*, Tel. 01/202 30 00
Team Selbsthilfe Zürich, Dolderstr. 18, 8032 *Zürich*, Tel. 01/252 30 36
Kontaktstelle für Selbsthilfegruppen, Postfach, 6300 *Zug*, Tel. 042/25 35 16

Literaturempfehlungen

Henseler, Heinz: *Narzißtische Krisen: Zur Psychodynamik des Selbstmords*, Wiesbaden: Westdeutscher Verlag, 3. Aufl. 1990

Hömmen, Christa: *Mal sehen, ob ihr mich vermißt. Menschen in Lebensgefahr*, Reinbek: Rowohlt-Taschenbuch Verlag 1989

Ide, Helga: *Wenn Kinder sich das Leben nehmen. Trauer, Klage und die Zeit danach*, Stuttgart: Kreuz Verlag 1992

Orbach, Israel: *Kinder, die nicht leben wollen*, Göttingen: Verlag Vandenhoeck & Ruprecht 1990

Schütz, Jutta: *Ihr habt mein Weinen nicht gehört. Wie man suizidgefährdeten Jugendlichen helfen kann*, Frankfurt/M.: Fischer Taschenbuch Verlag 1994

Weber, Karin (Hrsg.): *Nimm dir doch das Leben! Wenn Jugendliche das Leben satt haben*, Recklinghausen: Bitter Verlag 1994